子育て主夫青春物語

「東大卒」より家族が大事

堀込泰三

言視舎

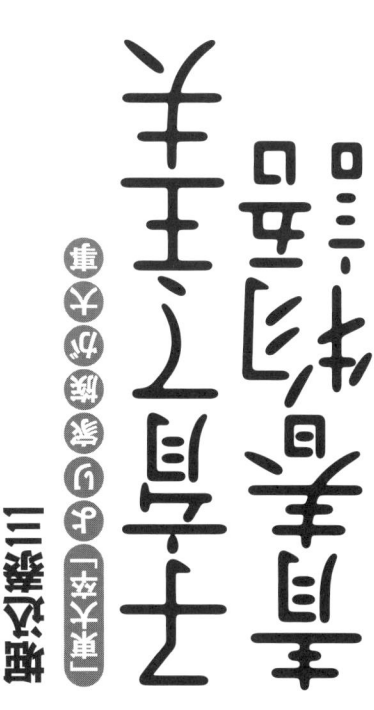

大切な時間

我が家に待望の第一子が生まれた。妻が二カ月間の産後休暇を取った。そこで問題が判明した。妻の職では、育児休暇が取れないことがわかったのだ。また、今の職を辞めるつもりもないという。

それならば、と私は上司に掛け合った。幸い、私の勤める会社には、男性でも育児休業を取得できる制度がある。ただ、前例はなかった。上司の理解はなかなか得られず、何時間もの話し合いの末、やっと認めてもらうことができた。こうして私は、それからの二年間を専業主夫として生きることになったのである。

周りの反応はさまざまだった。一番多かったのは、「いいなあ、これから仕事しなくていいんだろ。好きなこと出来るじゃん」という反応。私もまんざらではなく、笑っていた。「空いた時間に好きな読書でもしよう」と、本気で思っていたのである。今思い返すと、いい気なものだ。

そして主夫生活がスタートした。始まってみてびっくり！　息子と遊び、おむつを換え、ミルクをあげ、泣けばあやし、散歩に出かけ、お風呂に入れて、料理をしてとするうちに、一日があっという間に過ぎていく。寝る前に思い出してみても、今日一日何をしたのかわからない。かと言って、ぼーっとしていたわけではないのだ。誰にともなく、言い訳をしてみる。でも、昼間は息子と二人っきり。そんな言い訳を聞いてくれる人もいない。「空いた時間に読書」なんて、夢物語だったのだ。そのとき初めて気が付いた。もっと楽なものを想像していた、自分が甘かったのだ。（中略）

そんな生活も、いつの間にか二カ月が過ぎた。私もだんだん慣れてきて、この生活を楽しむ余裕がでてきた。

毎日三時の散歩。これが最近の私のお気に入りだ。平日の真っ昼間、ベビーカーを押しながら、のんびり歩く。最初は、周りの好奇な視線に戸惑った。でも、今ではもう慣れっこだ。そんなことよりも、息子と一緒に過ごせるこの時間を、今は楽しんでいる。そして何よりも嬉しいのは、息子もこの散歩を楽しみにしていること。生後四カ月になる息子は、最近表情が豊かになってきて、嬉しいときにはにこっと笑う。「さあ、今日も散歩に行くよ」とベビーカーに乗せると、この笑顔を見せてくれるのだ。まだ言葉は話せない息子だが、この笑顔で十分、気持ちは伝わる。この笑顔を見るたびに、明日もまた頑張ろうと思える。

子どもの日々の成長を、いちばん近くで見守れる幸せ。きっと、他のお父さんには体験することのできない、とても大切な時間だ。

「空いた時間」なんて、なくていい。今はただ、この幸せをかみしめながら、一日一日を大切に生きていきたい。

目次

3 期限なしの兼業主夫へ——在宅翻訳家の兼業主夫的生活スタート

まえがき　「人生とは葛藤である」と言うけれど

冒頭に載せたエッセイは、長男が生まれ、期せずして二年間の育児休業を取ることになった私が、これまた期せずして子育ての喜びに気付き、その生活にどっぷりつかり始めたころの気持ちを書いたものです。あれからはや五年。その間、妻の仕事で渡米・単身帰国・復職・退職・再渡米・帰国・次男誕生など、いろいろな出来事がありました。そして今では、在宅ワークをしながら二児を育てる「兼業主夫」をやっています。

子どものために退職したと言うと、「大きな決断でしたね。そこに至るまで、ずいぶん悩んだでしょう」と言われることがよくあります。でも、当の本人からすれば、そんなことはまるでないのが事実。ただ、その時その時ベストだと思う判断を積み重ねていくうちに、気が付いたらこうなっていたというのが本音です。だから、「大きな決断」や「葛藤」とは、実は無縁なのです。

ではいったい、そのような判断の基準となったのは何でしょう。それは、「家族」です。家族が一緒に笑って過ごせること。それだけを考え、ただ判断を積み重ねてきました。なぜ一緒に過ごすことにこだわるか、その理由は、育児休業を終えて単身帰国した時に、四カ月間別居生活をしたことにあります。本文を読めばおわかりいただけるように、もう、キャリアがどうとか言っている場合ではありませんでした。世間一般には、ただの向こう見ずな選択にしか思われないかもしれません。でも、私としては、その選択肢こそ「家族が一緒に過ごす」ための唯一の手段であり、他の方法なんて考えもつかなかったのです。

別に、男性が育児をすることがエライとか、女性も外に出て働くべきだとか、そんなことを論じるつもりは毛頭ありません。それぞれの家族に、それぞれの形がある。それでいいと思うんです。人と違ったっていい。何よりも、自分たちなりの「家族の形」に、夫婦が心から納得していること。大切なことはそれだけだと思います。

その大切な判断を正しく行なうためには、「男だから働く」「女だから子育てをする」などという先入観は、いったん捨て去る必要があります。そうして初めて、夫と妻が平等な立場に立てると思うんです。その上で、夫婦で話し合って決めた結論であれば、妻が専業主婦になるのも、子育てしながら共働きを続けるのも、はたまたうちのように夫が主夫になるのも、どれも素晴らしい選択だと思います。

そのためにはまず、「こういう選択肢もある」「男だって子育てはできる」ということを、皆さんに知ってもらいたい。そして、まだまだ珍しい「子育て主夫」の生活をありのままにお見せすることで、その生活を想像してみてほしい。そんな思いから、この本を書きました。すべての家族が、それぞれの「家族の形」に自信を持てるように。この本が、そのための一助になれるといいと思います。

1

突然訪れた人生の転機

——長男誕生から退職まで

退職は突然に

「残念ですが、人事部で検討した結果、この休職を認めるわけにはいきません。その理由は……」

人事の担当者が、ツラツラと理由を述べる。でも、まったく頭に入ってこなかった。

「では、辞めさせてください」

そう言うのがやっとだった。それから退職の手続きなどを淡々とこなし、一週間後には、再びアメリカにいた。

二カ月ぶりに会う息子は、驚くほど成長していた。まだカタコトだった言葉が、かなり話せるようになっている。私は、この四カ月を後悔した。それまで、いろんな「初めて」を目の当たりにしてきた。初めての寝返り、初めてのつかまり立ち、初めての発熱。初めて歩いた時には、思わず涙が出た。そうやって、最初の二年間を過ごしてきた。それなのに……。初めて話すようになる時期には、立ち会えなかった。もう離れまいと心に誓った。

これが、期限なしの子育て主夫の誕生である。我ながら、実にあっさりした退職劇だった。まったく葛藤がなかったかと言えばウソになるが、それほど大きな選択でもなかった。家族が一緒にいられないのであれば、辞める。そのことは、最初から決めていたことだったから。

二年間の育休の半分が過ぎたころ、妻がアメリカに転勤した。最初は一年の予定だった。つまり、家族一緒に渡米して、私の復職の時期に、一緒に帰国すればいい。だから、何の問題もなく、一家三人で渡米した。やがて、妻の任期延長が決まる。二年間の延長。それは、二年間の別居生活を意味する。育休のままフェードアウトして辞めてしまうことも考えた。しかし、恐らく社内初であろう男性の長期育休を認めてもらった会社や上司への義理もある。それに、仕事自体は嫌いではない。悩んだ末、妻と息子はアメリカに残し、単身で帰国することを選択した。いつまで続くかはわからないが、やれるところまでやってみよう。そう夫婦で約束し、別居生活に突入したのだ。

最初は正直、楽しかった。それまでの二年間、ずーっと息子と一緒だったので、自由な時間は皆無に等しかったから。それが、急に二十四時間自分の時間になった。正直、ウキウキである。読書にＤＶＤ鑑賞に食べ歩き。とにかく自由を楽しんだ。それも、今思い返せば、ただのカラ元気にすぎなかったのかもしれない。そんな自由も、一週間で十分だった。すぐに、再び家族のもとに戻れる手段を探し始めた。

「人事関係規程集」を熟読し、最適な休職制度を見つけた。「家族の転勤に帯同するための休職制度。まさにこれだと思い、すぐに上司に相談。「やっぱり家族は一緒にいるべき」私が出したシンプルな答えに、上司も理解を示してくれた。二年間の育休から復帰直後に、さらに二年間の休職という無茶な要求に、ハンコを押してくれたのだ。役員のハンコももらい、あとは人事関係の手続きだけ。そう思っていた矢先の、人事担当者の言葉だった。

とはいえ、こうなることはある程度予想していたことでもある。リーマンショック直後で、社長自ら「積極的なリストラはしない。自然減を待つだけ」と言っていた時期だった。つまり、「自然減」にさせられたんだなと思った。会社への恩義という理由で、断腸の思いで妻子を残して復職した自分がバカみたいだった。所詮、大企業にとって、ひとりの社員なんて駒に過ぎないんだ。そんなことはわかっていたけれど、改めて実感させられると、なんだかむなしい気持ちでいっぱいだった。

育休を決意する

そもそもの発端は、退職のおよそ三年前のこと。長男の妊娠がわかった時にさかのぼる。当時は、夫婦ともに、私が育休を取るなんて選択肢は、夢にも思っていなかった。特に子どもが好きなわけでもない。当然、妻が育休を取って、子育てをするものだと思っていたのだ。

そこで問題が判明する。大学の研究者である妻は、産前産後休暇は取れても、育児休業は取れないことがわかったのだ。任期付の職業であるというのがその理由。とはいえ、初めての子である長男を、産後休暇明けの二カ月で、いきなり保育園に預けるという選択肢も、私たちには思いつかなかった。そこで私は、自分の会社の制度を調べてみた。すると、今まで知らなかったけれど、男でも育休は取れるらしい。しかも、最長二年。つまり私たちは、次の二つの選択を迫られたことになる。

（1）妻が仕事を辞め、専業主婦として子育てをする。

（2）私が育休を取り、期間限定の専業主夫として子育てをする。

議論をするまでもなく、結論は明確だった。私たちは迷わず、（2）を選択したのだ。二人とも仕事を続けられる、唯一の方法だったから。

そうと決まれば、あとは上司に相談するだけだ。ちょうど年度末の査定の面談があったので、そこで「今度子どもが生まれるので、育休を取りたい」と打ち明けた。ところが上司は、私が何を言っているのか、全く理解できない様子だった。「将来設計はどうなってるんだ」「今後主たる生計を得ていくのがどっちなのか、きちんと決めているのか」「同期に置いてかれるぞ」などなど。意地悪とか引き止めではなく、人生の先輩として、本当に私の将来のことを心配してくれているようだった。でも、こっちだって安易に相談したわけではない。夫婦で何度も話し合って決めたことだった。その日はそれで時間切れとなり、とりあえず上司自身も制度についてきちんと理解していないので、人事に問い合わせてくれることになった。私のほうも、もう一度考え直すように言われた。

そして数週間後、二度目の面談に望んだ。今度は査定などではなく、このためだけに、二人で会議室にこもった。二時間ぐらいは話していただろうか。議論は全くの平行線だった。とにかく、前回と同じやり取りを、ただ延々と繰り返した。上司は、キャリアロスのこと、夫婦の分担のことを主張した。私には、どちらも何の問題にも感じられなかった。前者については、大学卒業後、ワーキングホリデーでカナダに一年間行った経験がある。そのときも、「キャリアに穴をあけるのはよくないぞ」と、ゼミの先生に言われた。でもこうして帰国して、何の問題もなく就職し、仕事をしている。二年間ぐらい、すぐに取り戻せる自信があった。後者については、「どっちが稼いでどっちが育てるのか、はっきり決めろ」と上司は言いたかったんだと思う。でも、それを決めなくていいように、育休制度があるのではないだろうか。それぞれのライフステージに合わせて、休みやすいほうが休んで子育てをすることで、女性が出産を理由に辞めなくていい社会を作るための制度ではなかったか。根っこの部分の考え方が全く違うので、議論は堂々巡り。またしても時間切れとなり、二週間後に再度面談を行なうことになった。

三度目の面談は、あっさりだった。「気持ちに変わりはありません」私がそう言うと、「わかった」と上司が言った。これ以上の説得はムリと判断したのだろう。そうして私は、二年間という、恐らく社内の男性として前代未聞の長期育休に突入することになったのである。もちろんその時点では、復職したらまたバリバリ働いて、会社員を続けるつもりでいた。同期にもすぐに追いつける自信があった。

長男は、そんな議論をしている最中に、すでに生まれていた。２５９５ｇの、小柄な赤ちゃんだった。よく、「初めての子を抱いて命の重さに感動した」という人がいるが、私はむしろ、「命の軽さ」に驚き、自分が守ってあげなくてはという気持ちになっていた。

長期育休に対する周囲の反応

冒頭のエッセイにも書いたように、育休を取得したときの、周りの反応はさまざまだった。一番多かったのは、「いいなぁ、これから仕事しなくていいんだろ。好きなこと出来るじゃん」という反応。私もまんざらではなく、笑っていた。「空いた時間に、好きな読書でもしよう」と、本気で思っていたのである。今思い返せば、いい気なものだ。

私の両親は、あっさりだった。「ふーん、それもいいんじゃない。仕事なんてどうにでもなるし」この親にしてこの子あり。キャリアがどうのとか、全く考えていない様子だった。とてもありがたいと思った。

妻の家族はどう思っていたのだろう。きちんと聞いたことはないが、表だって反対と言われたことはなかった。私たち夫婦なりのやり方を、応援してくれていたと思う。

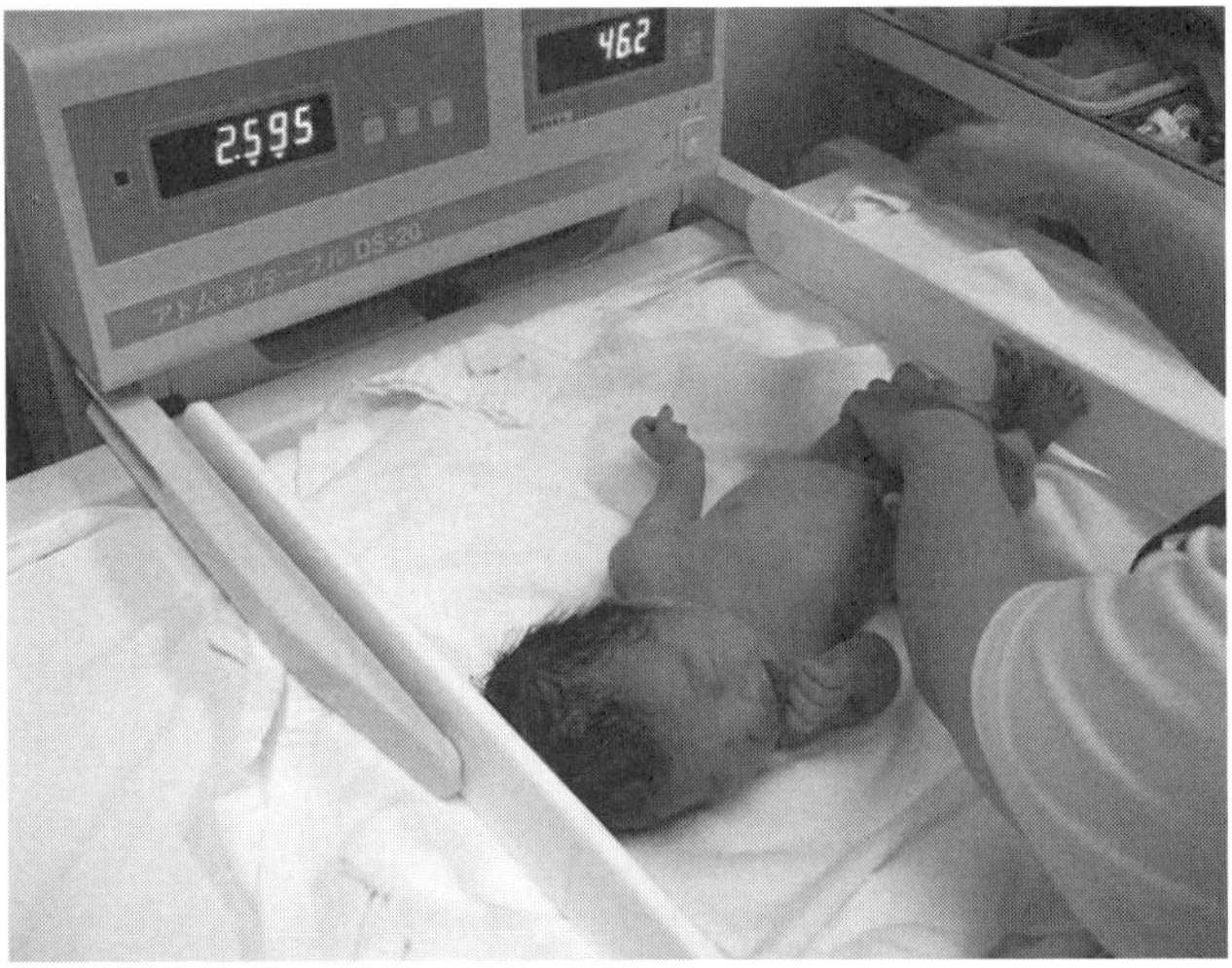

2007年3月2日 長男誕生！　すべてはここから始まった

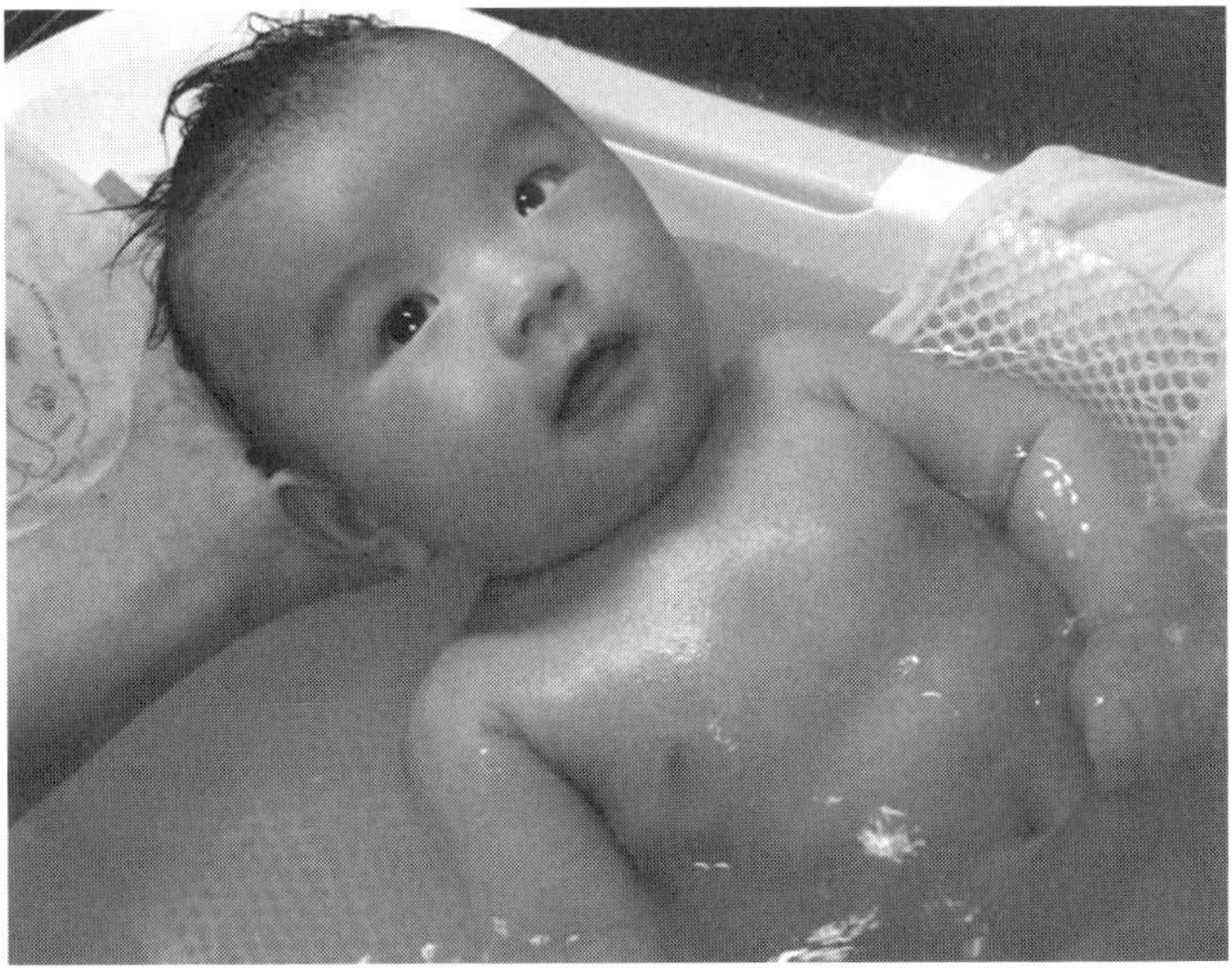

沐浴は楽しいスキンシップの時間（生後3カ月）

育休生活突入！「空いた時間」のウソ

そして、息子が二カ月になった五月、育休生活がスタートした。ちょうどGWがあったので、そこで妻との引継ぎを行なった。オムツの替え方、ミルクの作り方、沐浴のさせ方。前述したように、私はシュフという仕事を、完全に舐めていた。ほとんどの女性がやっていることだ。自分にできないはずがない。余裕のあるときに昼寝をしたり、本をいっぱい読もう。そんな風に高をくくっていたのだ。ところが、始まってみてびっくりした。どこにも余裕なんてない。遊んでやらなきゃ息子は泣くし、家事だってある。寝かしつけに苦労し、ようやく眠りに落ちたと思ってベッドに置けば、必ず起きる。読書はおろか、お昼寝なんてもってのほかだった。

母乳にこだわるワケ

男性育児において最大にして唯一の壁、おっぱい。どんなに努力しても、力不足か、母乳ならぬ「父乳」は出てこないのだ。そこで我が家では、独自の解決策をとることにした。後に言う「おっぱい救助隊」の誕生である。やることは単純。妻の勤務時間中、二回ほど、妻の職場に息子を連れて行き、授乳してもらう。それだけのことだ。別になんてことない、ただの散歩である。

ただ、これを毎日続けるとなると、相当な努力が必要だった。雨の日も、風の日も、息子と二人で妻の職場に向かった。もちろん、必ず毎日できるわけではないが、出来る限り、通うようにした。別に私たちは母乳絶対主義ではない。ミルクだけで育てたってイイじゃないかとも思っている。それでも授乳を続けるのには、もっと大事な理由があるのだ。以下に、その気持ちをつづったブログ記事を紹介する。これが、私が足繁く妻のもとへ通った、その理由である。

妻の勤務時間中、少なくとも2回、職場近くまで出向き、おっぱいを飲ませています。

そのために、高い家賃を払って、歩ける距離に住んでいます。

そのために、お散歩の途中でも、授乳時間になれば散歩を中断して職場に向かいます。

そのために、授乳時間前にお腹を空かせても、なるべくなら先延ばしにして、おっぱいまで我慢させるようにしています。


なぜわざわざそんなことをするの？

搾乳じゃだめなの？　粉ミルクだってあるじゃない。

という声が聞こえてきそうです。


確かに、子どものことだけを考えるなら、そこまでする必要はないでしょう。

母乳を飲ませるということだけで言えば搾乳でも同じことですし、粉ミルクだけで育っている子どももいっぱいいます。

実際うちでも、どうしても授乳が不定期になってしまうため、あまり出がいいほうではなく、ミルクもだいぶ足していますし、それについては何とも思っていません。

それでもこんなに手間をかけて授乳させているのはなぜか。

それは、子どものためというよりは、むしろ、妻のためなのです。


夫が主夫で、妻がフルタイムで働いていることについて、皆さんはどう思うでしょうか。

子どもができてキャリアをあきらめざるを得なかった女性からしたら、産後二カ月で復帰して、あきらめることなくキャリアを続けることができている妻は「うらやましい」存在かもしれません。


でもね、何もあきらめてないかっていうと、決してそんなことはないと思うんです。


「子どもと過ごす時間」。これって、女性にとって、かけがえのない大切な時間なんじゃないでしょうか。

それをたったの二カ月で終わらせてしまい、あとはよくあるお父さんと一緒で、「仕事から帰ったら子どもの寝顔を見るだけ」という生活になるとしたら……

（中略）

できることならば、それだけは避けたい。

そこで、こういう形に落ち着いたわけです。

授乳って、ある意味究極のコミュニケーションですよね。

スキンシップどころか、変な話、体液を受け渡すわけですから。

そんな、「濃い」コミュニケーションを、一日十分でも二十分でも続けることができたら、それは男性が数時間一緒に遊ぶのと匹敵するぐらいの重みがあるような気がします。

だから今日も、せっせと妻の職場に出向くのです。

仕事も母親業も、あきらめることなく続けてもらえれば、主夫冥利に尽きるというものです。

充実のお散歩ライフ～僕らが散歩に出る理由

いつもぎゃあぎゃあ泣きわめく息子と過ごす毎日は、正直、息がつまりそうだった。しかし、あることをきっかけに、そんな生活が一変した。それが、散歩である。この散歩について書いたブログ記事を紹介する。


突然ですが、旅が好きです。

往復のチケットだけ取って、あとは気ままに。みたいな旅。

でも、子どもができてからは、なかなか行けません。

旅行には行ってますが、多少の計画が必要なので、ここでいう「旅」とはまた別ものですね。

それはそれで楽しいのですが、なんだか物足りない。

気が向くままにふらっと立ち寄った場所で、思いがけない発見をする。

それこそが旅の醍醐味です。

話は変わって。

長男の育休時、おっぱい先延ばし作戦で、あれやこれや試行錯誤したことがあります。

で、いろいろやってみたんですが、最強の武器「おっぱい」を持たない男ができることなんて、けっきょく抱っこして歩くぐらいしかないんですよね。

最初のころは鼻歌を歌いながら家の中を行ったり来たりしていたのですが、どうにも息が詰まってくる。

眠りに落ちたかと思ってベッドに置くと、すぐに泣く。

赤ちゃんは背中にセンサーがついているという伝説がありますが、あれは絶対に本当です。

（中略）

そこで思いついたんです。

どうせ立って歩くんなら、散歩に行ってしまえ！

そうすれば、息子と2人っきりで息が詰まることもないし、旅の醍醐味も味わえる。

趣味と実益を兼ねる、まさに一石二鳥の大発明でした。

（大したことないですよね。でも、少なくとも自分にとっては大発明でした）

始めるんだったら、中途半端じゃつまらない。

そう思った私は、さっそく息子（当時４カ月）を連れて、神保町の三省堂書店に向かいました。

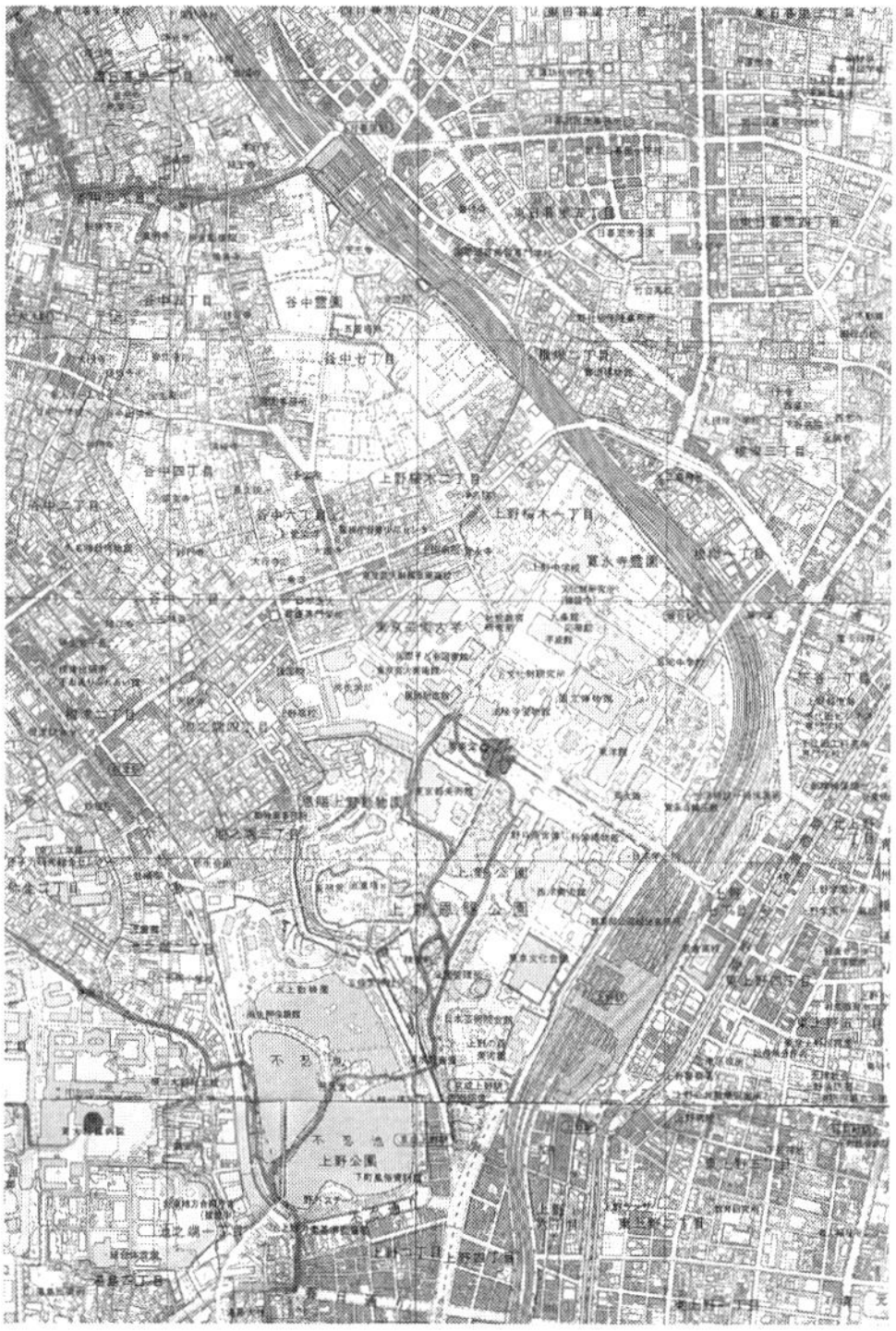

国土地理院発行の、十万分の一地形図。

これを、山手線の上半分をカバーするように、四枚購入。

余白を切り、張り合わせて完成!!

オリジナルの東京お散歩マップが出来上がったのでした。

勢いで完成した東京お散歩マップ。

その日を境に、育児がめっき

り楽しくなりました。
いや、これを育児というのかは定かではありません。
結局、子どもをダシにして、自分が楽しんでいるだけですから。
まあ、それはいいとして。

前の晩に地図を眺めて、大体行く方角を定める。
あとは授乳と授乳の間に、スリングで出かけるのみです。
もちろん、地図は持っていきません。
偶然の出会いが楽しいのだから。

そして、本当にいろいろなところに行きました。

東京はどこに行っても楽しい。
いろんなモノがあり、いろんな人がいる。
変な人もいっぱいいます。
もちろん人から見たら、私もその一員。

そういうモノや人がこの狭い空間にぎっしりつまってるのだから、楽しくないはずがありません。


妻から授乳一回パスの連絡があった時には、四、五時間歩くこともざら。

お腹がすけば、普通にラーメン屋にも牛丼屋にも入りました。

喉が渇けば、カフェにも。

基本おむつ替えスペースなんかはないので、トイレのふたでおむつを替えることもしょっちゅう。

でも気にしてたらまたあの息の詰まる生活に逆戻り。

息子くんには悪いが、我慢してもらうことにしました。


そして家に帰って、その日のルートを思い出し、地図を塗りつぶしていく。

すると、この辺は行ってないから今度行ってみよう、と次の方角が決まる。

そのようにして、充実した育児ライフを送らせていただきました。

十四回でブログ断念！

こんなに長期の育休を取ったからには、何か発信をしないと。そう思った私は、ブログを始めることにした。ブログなら、広くいろんな人に意見を読んでもらえる。普通の男性にはなかなか想像しにくい育休生活についていてつづることで、今後育休を取りたい男性に、ありのままの自分の生活を知らせることができる。気合いだけは十分だった。

でも、ほとんど続かなかった。何せ、時間がないのである。シュフの道とは、タイムマネジメントの道。育休生活が始まってすぐにそれを悟った。会社でみっちり教え込まれたタイムマネジメントによると、いちばん大事なことは、「やらないことを決めること」。業務をひとつひとつあげてみて、優先順位をつける。そして、きっぱりと、やらないことを決めるのだ。それをこの育休生活に当てはめてみると、育児も家事もやらないわけにはいかない。やはりブログは諦めることにした。人に発信するよりも、まずは自分のことをしっかりやらなければ。残念だが、致し方ない。発信はまたいつでもできる。そう考えるようになった。

だんだんわかった「大切な時間」

おっぱい救助隊、東京ベビ連れ散歩など、いろんなことをしていくうちに、すっかり育児が楽しくなってきた。こちらが楽しんでいることが息子にも伝わったのだろうか。泣いてばかりいた息子も、だんだんと笑顔を見せてくれるようになってきた。私が散歩に出かける準備を始めると、ワクワクした表情でこちらを見ているのだ。ただの勘違いかもしれないが、少なくとも私には、そう見えた。そして、散歩中も、たくさんの笑顔を見せてくれた。

空を見ては笑い、花を見ては笑い。私も、そんな笑顔が見たくて、いろんなところに連れて行った。我が息子の笑顔をこんなにも近くで見ることができる幸せ。きっとほかのお父さんには、こんな経験はできないに違いない。

そう、私は誰にも経験できない、かけがえのない大切な時間を過ごしている。いつしかそう考えるようになった。

ニコライ堂にて。2人で東京中を歩いた（生後7カ月ごろ）

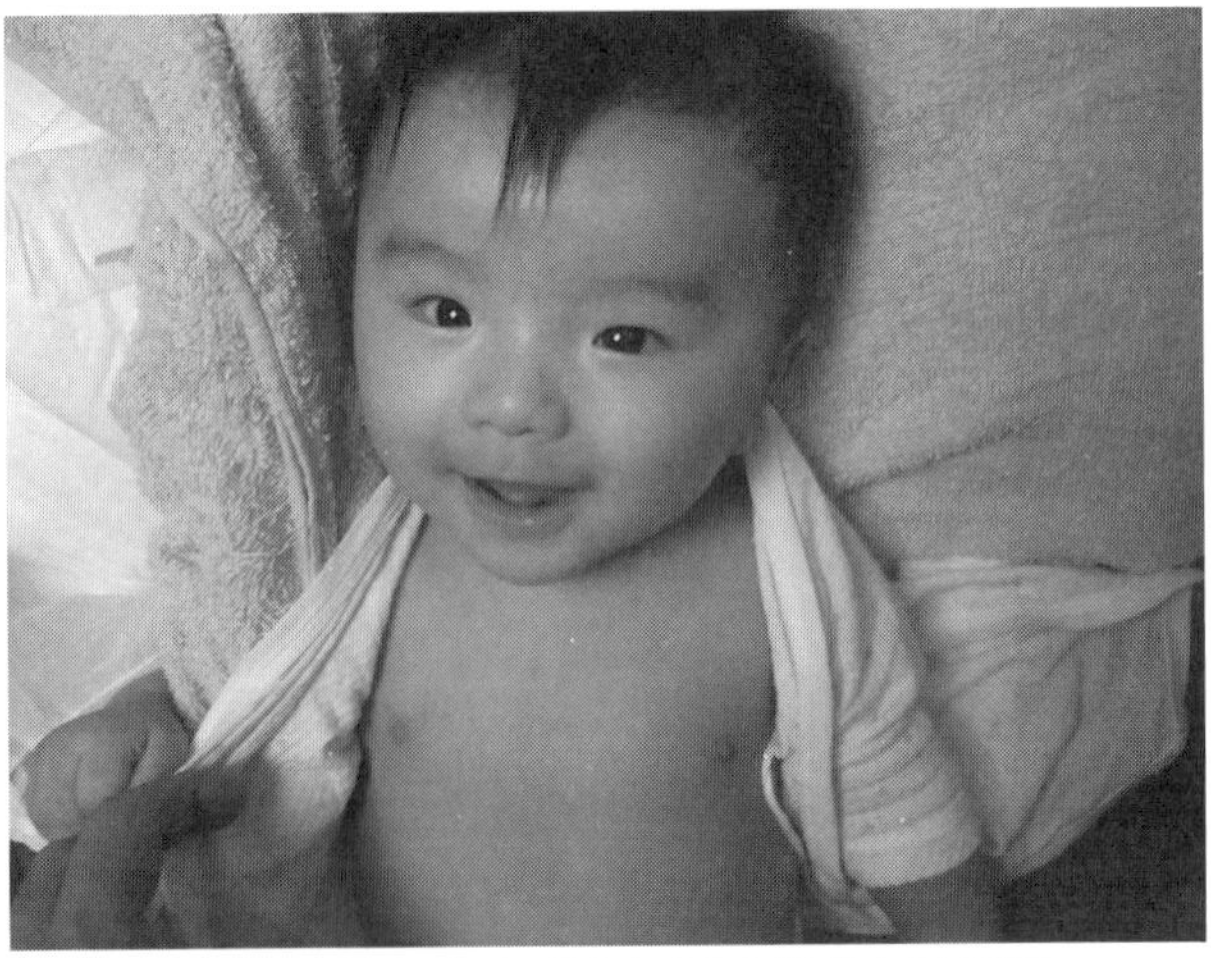

こんな笑顔を毎日いちばん近くで見られる幸せ（生後4カ月ごろ）

いつかは辞める？　翻訳学校へ

そんな風に充実した育休ライフを送っていくうちに、すっかり育児にのめりこんでいった私。「いつかは仕事を辞めるのかな」と、なんとなく考えるようになった。ちょうど、妻の渡米の話が出ていたこともある。今回はそんなに長くはならなくても、今後も何回かの転勤が考えられる。ならば、今のうちに、どこにいてもできる仕事を見つけておこう。そう思った私は、在宅でできる仕事をあれこれと探し始めた。

そうやって調べているうちに、世の中には在宅でできる仕事がいろいろあることを知った。主なものとしては、プログラマー、WEBデザイナー、グラフィックデザイナー、翻訳家など。デザイナー系にはセンスが必要だ。絵心のない自分には無理だろうと思った。もともと理系なので、プログラマーの仕事については、ある程度想像ができた。一方、翻訳家については、そのライフスタイルがほとんど想像できなかった。WEB上で翻訳家などのブログを読んだが、いまひとつピンとこない。そこで、たまたまネットで見つけた翻訳学校に、見学に行ってみることにした。思い立ったらすぐに行動したいたちなので、アポも取らず、飛び込みで向かった。もちろん、子連れで。

見学をしてみたものの、やはり翻訳家というライフスタイルについて、想像できる材料は得られなかった。でも、タイミングがいいのか悪いのか、ちょうどその週末から、「翻訳入門コース」が開講されるらしい。土曜日の午前中、二時間の講義。期間は半年。土曜日の半日なら、妻に息子を任せて通えるのでは？　そう思った私は、さっそく妻に相談し、承諾を得た。今思い返せば、あれがその後在宅翻訳家になるきっかけだったと思うと、人生何があるかわからないものだ。

それから半年間、毎週土曜日は通学日となった。週に一度、息子を預けて青山まで。育児をそれなりに楽しんでいたとはいえ、やはり疲れがたまっていた私にとって、いい気分転換となった。英語を読んで、日本語の文章を書く。課題の用紙が縦書きなのも気に入った。それだけで、作家気分を味わえるのだ。理系出身の私にとって、すべてが新鮮で、すべてが楽しかった。

そして半年間の講座を修了し、ラッキーなことに、クラス最優秀賞をいただいた。気を良くした私は、そのまま「フリーランスコース」を受講することにした。サラリーマンの私にとって、「フリーランス」という言葉の響きが、この上なく魅力的に聞こえたのだ。今度は、週三回、一日三時間の本格的な講座だった。私の両親の協力を取り付け、息子を週三回見てもらう手筈を整えた。

始まってみると、やはりハードな毎日だった。通学日は週三日とはいえ、課題の量も多かった。内容も、文芸・映像・産業と、多岐にわたる。それでも、入門コースですっかり翻訳の面白さを知ってしまった私は、学校にどっぷりとのめりこんでいった。もちろん、育児も忘れていなかった。肉体的には非常にハードだったが、精神的には充足していたので、短い睡眠時間も苦ではなかった。このコースでは、個性豊かな現役の翻訳家の先生たちが教鞭をとっていた。翻訳のスキルについてはもちろんのこと、彼らの生の声を聴けるのも嬉しかった。ここで、翻訳家というライフスタイルについて、たくさんのことを学ぶことができた。

文芸や映像は、やりたい人が多く、駆け出し時代はほぼタダ働きをして下積みをしなければならないようだった。アコガレはあったが、家族がいる自分が、大企業という安定職を捨ててまでなるにはリスクが高すぎるように思えた。そこで、最初からそれなりの収入が見込めそうな、産業翻訳にチャレンジしてみようと漠然と考えるようになった。

エッセイコンクール入賞！　書くことって楽しい！

先にも書いたように、翻訳学校での課題文は、縦書き原稿用紙に書くことが多かった。理系出身の私は、課題をこなしていくうちに、作家気分に酔いしれ、縦書き原稿にはまっていった。そんなある日、偶然ＷＥＢで見つけた「お父さんのナイショ話」という、育児体験記のようなものに申し込んでみた。特に期待もしていなかったのだが、数週間後、採用の連絡が！　懸賞というほどのものでもなく、ただ、あるサイトの連載エッセイみたいなものに載せてもらえるだけだったが、ある程度の原稿料をもらえた。生まれて初めて、自分の書いた文章がお金になった瞬間である。

もともと文章を書くことは好きだった。でも、小中学校の読書感想文で入賞したこともなければ、ブログもろくに続かない。そんな自分が、自分で書いた文章でお金をもらえるなんて！　いい意味での「勘違い」が始まった。「公募ガイド」という雑誌を見つけ、毎月購入するようになった。それには、毎号、様々なエッセイコンクールが載っている。育休が始まったころは時間のなさに苦しんでいた私だったが、もう半年もたっていたので、ある程度の隙間時間を作ることはうまくなっていた。一日十分でも、隙間時間を作ってはパソコンに向かい、せっせとコンクールに応募した。

結果、十件近くの応募に対し、入賞三件。出来すぎなぐらいの結果だった。そのうちの一つは、都内の高級ホテルでの授賞式までついていた。司会は木佐彩子アナ。テレビカメラも入り、審査員の有名作家の方とお話しする機会もあった。そんな経験から、ますます、「勘違い」は助長されていった。

でも、その勘違いが高じて、今こうして本なんかを書かせてもらっているのだから、人生って本当に不思議なものだ。

ママ友との距離感に四苦八苦

私が初めて「ママ界」にデビューしたのは、長男の四カ月検診のときだったと記憶している。四カ月健診は二日連続で行なわれ、一日目は検診で、二日目は何かの予防接種だった。一日目は、妻が有給を取ってついてきてくれた。あくまでも、メインは私、妻は付添である。それなのに、受付のおばちゃん、身長体重を測る看護師さんは、私のほうには一切目もくれず、妻に向かって話すのである。たまに、「今日はお休みなんですか?」と聞かれる程度だ。極めつけは、医師による問診。待合室で待っていたら、「堀込さーん、お入りください」と呼ばれたので、妻と息子と一緒に入ろうとしたら、「あ、お父さんはそこで待っててくださいね」だと！　それまでの対応ですでに頭から湯気が出ていた私。今にも食って掛かりそうな私に、妻が「夫が育休を取って子育てをしているので、一緒に入ってもいいですか?」と助け舟を出してくれた。おかげで、「あ、そういうことでしたらどうぞ」と、事なきを得た。

今からたった五年前。二〇〇七年の出来事である。当時は、それぐらい、父親がメインで育児をすることは珍しかった。昨今のイクメンブームには言いたいことは山ほどあれど、やはり育児をする男性が増えたことは歓迎すべきことだと思う。

話がずれてしまったので、もとに戻そう。「ママ界」デビューの話である。長男の四カ月健診、初日からそんな感じだったので、妻の来ない二日目は、もっと大変だった。ほとんど、「無視」されるのである。順番が来て、呼ばれて立ち上がろうとすると、「あ、ママはトイレ？戻ってきたら声かけてね」といった具合だ。呆れてものも言えなかった。でも、そこで初めて、ママ友なるものもできた。いや、それ以降、二度と会っていないのでママ友とは言えないかもしれない。とにかく、待合室で、初めて他のママさんと言葉を交わした。帰りの駅まで一緒に歩いた。四カ月健診なので、当然、子どもは同じ月齢である。話題には苦労しない。でも、別れ際はあっさりだった。これで連絡先を交換しないで、次いつ会えるんだろう？と思いつつ、いきなり携帯メールを聞いてよいものか、悩んでいる間に終わってしまった。新米パパのママ界デビューは、苦いものとなった。

ママ界デビューに失敗した私は、なんだかママ界が「魔界」のような気がして、それからしばらく距離を置いていた。散歩が楽しかったこともある。途中から翻訳学校に通い始めて、忙しくなったのもある。でも本当の理由は、ママ友との距離のとり方がわからずに、避けていたというのが事実だ。

そうこうしている間に、息子は一歳になった。つかまり立ち、ハイハイ、伝い歩きをするようになり、それまでへらへらしていた私にも、育児の悩みが増えていった。離乳食を食べるのはいいのだが、そこらじゅうに投げ飛ばしたり、そろそろ歯磨きを始めるべきか悩んだり。とにかく初めての子なので、わからないことだらけ。これはママ友が必要だと思った。もちろんパパ友でもよかったのだが、当時他に同じ境遇の人がいるとは想像もつかなかった。私の両親も、子育てに協力はしてくれているが、こんな赤ちゃん時代のことは覚えていないようだった。そこで勇気を出して、八カ月ぶりに魔界、いやママ界に足を踏み入れてみることにした。初めての児童館デビューである。

初回は、失敗だった。児童館に着いて息子を遊ばせる。同じぐらいの月齢の子がいるママさんに話しかけてみる。「今日はお休みなんですか？」「いえ、私が育休を取って子育てしてるんですよ」「へー、それはすごいですね」そこまではいつも進むのだが、それ以上はなかなか会話が続かない。そもそも一歳にもなると、ママさんたちはすでにグループができていて、新入りがそこに入り込んでいくのは相当に難しかった。その日は、すごすごと帰宅した。

でも今回は、あきらめなかった。何せ、育児のいろんなことを聞きたいのだ。いや、もしかしたら、話し相手に飢えていただけだったのかもしれない。勇気を出して、二回目の児童館に乗り込んだ。そこでやっと、声をかけてくれたママさんがいた。「こないだも来てましたよね、パパが育児されてるんですか？」「そうなんです。二年間の育休中なんです」「へー、それはすごい。お料理とかもされるんですか」「はい。毎日してます」「毎日の献立考えるのって大変でしょ？」「そうですよねー」と、いろいろ質問をしてくれるママさんだった。これは非常にありがたかった。それまでに話した大抵の人は、突っ込んだ質問はしてくれない。きっと、訳ありだと思って遠慮していたか、そもそも興味がないかどちらかだっただろう。でも、このママさんはいろいろ聞いてくれたので、会話が続いた。息子より一カ月ぐらい年上の男の子のママだった。しばらく会話をした後、お友達も紹介してくれた。こうして、二回目のママ界デビューは成功。一歳から一歳二カ月までの子のママさんグループに入れてもらうことができた。連絡先も、向こうから聞いてくれたので助かった。

児童館デビュー？！（1歳0カ月ごろ）

それから週に二回程度、児童館などに行くときには声をかけてくれるようになった。でも、やはりある程度の距離感は否めなかった。どうやらグループのママたちは、毎日のように家を行き来しているらしい。でも、そういう時には声をかけてもらえない。あくまでも、声をかけてくれるのは児童館に行くときだけなのだ。もちろん、理由はわかる。異性だからだ。家に呼んでもらえないのは、当然といえば当然なのかもしれない。でも、同じ子育てをしている仲間なのに、ちょっとした疎外感を感じたのも事実だ。

残念ながらそれから一カ月後に渡米することになったので、そのママさんグループとはそれっきりになってしまった。でも、ママ界デビューのきっかけというか、コツをつかめたので、とてもいい経験となった。ここでの経験が、アメリカでのママ友作りに非常に役立つことになる。

渡米 最初は一年のはずだった

妻の渡米が決まったのはいつだったか、もう記憶は定かではないが、複雑な心境だったのは覚えている。育休に入って約一年。ママ友もでき、毎日の散歩も満喫し、翻訳学校も充実していた。そんな生活が、このうえなく楽しかったのだ。それを全て捨てて、アメリカに行く。海外生活へのアコガレもあったが、今の楽しい生活に別れを告げるのは、やはり残念だった。

それでも、渡米の日はやって来る。渡米日は翻訳学校の「フリーランスコース」修了の翌々日だった。最後まで課題がみっちりだったので、修了までは引っ越しの準備がほとんどできなかった。それから一日で引っ越しを済ませ、東京のマンションを引き払った。辛うじて作業は終わり、ほぼ徹夜状態での渡米となった。いつもながら、ドタバタである。

しかし、今回のドタバタ劇は、いくつものアクシデントが重なり、これまでにないほどのドタバタだった。もう、笑っちゃうぐらいの。おかげで、複雑な心境がどうのと言っている余裕もなく、それがかえって幸いし、すんなりアメリカ生活に入ることができた。

妻のポストは、大学のポスドク。正確には、転勤ではなく、留学にあたる。ただ、日本の財団の助成金を受けての留学なので、少ないながら、お金はもらっていた。

ともかく、アメリカでの主夫生活が始まった。妻の任期は一年。ちょうど、息子が二歳になるころ、つまり私の育休が終了するころ、帰国する予定だった。家族三人で帰国して、私は復職、妻も元の職に戻る。そして、息子は保育園に。タイミングとしてはばっちりのはずだった。

このころはまだ、私が仕事を（あんなに早く）辞めるなんてことは、妻も私も、夢にも思っていなかった。

アメリカでの主夫生活スタート！

そんな風にして、アメリカ生活が急速にスタートした。妻は初めての海外生活。私は、二度目。大学卒業後、カナダに一年間いたことがある。だから、生活の立ち上げにはあまり苦労しなかった。二週間のホテル滞在中に、中古車を購入し、アパートも契約した。現地の相場の半額以下の、破格のアパートだった。破格＝ぼろい・古いということだが、そこはそんなに問題ではなかった。妻の給料では、そこぐらいしか住めなかったし、私はむしろ、優雅な生活よりも、そういう生活のほうが好きだった。

当時一歳一カ月だった息子も、新生活にすんなり馴染んでくれた。それまで車にほとんど乗ったことがなかったので、チャイルドシートに座らせるのに最初は苦労したが、それも数日だけだった。私は初めての異国での子育てに多少の不安も感じていたが、それも杞憂に終わった。私たちが住むことになったカリフォルニア州マウンテンビューというところは、東京よりも、ずっと子育てがしやすい環境だったのだ。何よりも、きれいな公園が多いのが素晴らしい。そして、人もいい。東京だと、人の目が気になって、いつ子どもが泣き叫ぶかドキドキしながら生活しなければならないが、ここは違う。レストランで泣こうが、歩きまわろうが、皆の目が温かいのだ。息子がレストランで泣き叫んでいたら、隣のテーブルの人が、「あらあら、大丈夫よー。ピーカブー（いないいないばあ）」とあやしてくれたり、店員さんも、手を振ったりしてくれる。人の視線が刺さり、こそこそ子育てしなければならない東京とは大違いだ。

妻も、新しい仕事に慣れるのに時間はかからなかったようだ。もともと共同研究をしていた研究室に来たこともあって、職場の人はすでに顔見知りだったこともある。とはいえ、職場にほかの日本人は皆無で、英語オンリーの生活。大変だったに違いない。それでも、弱音を吐かず、毎日のように通っていた。そんな妻を、全力でサポートしなければと思った。

家から妻の職場までは車で十五分。車は一台しかなかったので、毎朝三人で家を出た。妻を職場で下ろした後は、息子と二人で遊ぶ時間だ。幸い、公園には事欠かなかった。どの公園も、手入れの行き届いた芝生で覆われている。当時歩き始めたばかりだった息子にとって、最適な練習場所だった。最初は数歩歩いては転んでいたが、すぐに上手に歩けるようになった。坂道も、上手に上り下りできるようになった。日々、すくすくと成長していた。渡米当時は複雑な心境だった私も、だんだん、「こんな生活も悪くないな」と思えるようになっていた。

英語でママ友は断念!

渡米当初は、「せっかく来たんだから、英会話をマスターして帰るぞ!」と、私も気合を入れていた。幸い、妻が通う大学には留学生が多く、週に一度、「Friday Morning Coffee」という、留学生の配偶者が集う場があった。文字通り、金曜日の午前中に、コーヒーと簡単なおやつがふるまわれ、それを口にしながら、来た人との会話を楽しむのである。毎回数十人は集まるちょっとしたイベントで、子連れの人も、そうでない人もいた。庭にはオモチャもあるので、子どもを遊ばせながら、交流することができる。国籍は、アジア系（日本人以外）四割、日本人二割、ヨーロッパ人三割、その他一割といったところ。当初気合いが入っていた私は、日本人ママさんたちとはある程度の距離を保ちつつ、英語のママ友を作ろうと必死だった。

でも、やっぱり難しかった。ただでさえ性別の壁があって、日本でもママ友作りに苦労していたのは前述のとおり。そこにさらに、言葉の壁が加わるのである。しかも、あくまでも留学生の配偶者の集いなので、英語を母国語とする人たちではない。お互いに母国語でない言葉で話すのは、やはり難しかった。これでは楽しい子育てライフは送れないと判断した私は、きっぱりと英語でのママ友は諦めることにした。私の仕事は、子育てと妻のサポート。その範囲内で、楽しくやればいいじゃないか。そう思うことにしたのだ。英語は、いつかチャンスがあったらやろう。

そう思っていた矢先、ラッキーなことに、チャンスはすぐに訪れた。

アメリカで暮らしていたアパート（写真は１歳11カ月ごろ）

アメリカの公園。こんな公園がいたるところにある（写真は１歳２カ月ごろ）

「言葉の交換」ランゲージ・エクスチェンジ開始

ある日、Friday Morning Coffee で出会った日本人ママさんと話していたときのこと。「英語でママ友作ろうとしたんだけど難しくて」と打ち明けたら、「あら、だったらウチの夫紹介するわよ」と言われた。聞くと、ご主人はアメリカ人なんだそう。英語教師として日本に来ていたときに奥さんと知り合い、結婚。今はこの大学で大学院生をしているらしい。日本語はかなり話せるのだが、レベル維持のために話相手を探しているとのこと。英語を話したい私とちょうど逆の立場にあたるので、週に二回会って、一回は英語、もう一回は日本語で話すという、ランゲージ・エクスチェンジをすることになった。

このご家族には、うちの息子の約一歳下の娘さんがいた。ちょうど、子育ての話もできたし、本当にラッキーな出会いだった。このW家とは、その後親交を深め、アメリカで最も仲良くしてもらった家族のひとつである。特に、私が逆単身赴任状態で日本にいた時には、妻と息子を助けてくれて、本当にお世話になった。そのころの話については、後述する。

日本人ママの集い

さて、英語でのママ友作りをきっぱりとあきらめた私は、日本人のママ友作りを始めた。幸い、この地域には、日本人がたくさんいる。留学生はもちろん、企業の海外赴任で来ている人もたくさんいた。そんなわけで、日本人ママの集いも、いくつか存在していた。毎週公園に集まり、子どもを遊ばせながら話をする。それだけの会と言ってしまえばそれまでなのだが、やはり誰にとっても、海外での子育てには不安がつきもの。こういう場があることは、とても大事なのだ。私も、毎週のように、その集まりに参加した。でもそこで、日本にいたときと同じ現象に遭遇する。その場では話すものの、なかなかそれ以上の関係には進めないのだ。それでも、日本での経験から、最初からそんなものと考えていたので、特にそれ以上は私も求めていなかった。その場だけでも、話相手がいるだけで十分だった。

こうして、渡米して二カ月もしたころには生活パターンが定着し、またしても楽しい生活を送れるようになっていた。

妻の任期延長へ

そうしてアメリカ生活をエンジョイしていたある日、日本からの郵便物が届いた。妻が応募していた、新しい奨学金の合格通知だった。今もらっている助成金よりも高額の奨学金を、二年間もらえることになったのだ。非常に倍率の高い奨学金で、ダメ元で応募していたのである。でもこうして、合格通知が届いた。つまり、研究者として非常に光栄で、喜ばしいことである。ただ、私たちには、手放しに喜べない事情があった。二年間の奨学金。それはつまり、在米期間の二年延長を意味する。それに対し、私の育休は、もうすぐ終わる。すでに最長の期間で申請しているので、これ以上の延長はできない。再び私たちは、選択を迫られた。いったい、どうしたらいいのだろうか。

その時初めて、私の脳裏に「退職」の二文字が浮かんだ。このまま私が辞めて、主夫としてここにとどまればいいだけの話ではないか。そうすれば、全てが丸く収まる。渡米直後から、少しではあるが、翻訳の仕事も始めていた。もう少し手を広げることができそうな、手ごたえも感じていた。日本の会社での仕事への未練はないかと言えばウソになるが、それほど、キャリアへのこだわりもなかった。

でも、私が退職するという考えに、妻は猛反対した。理由は三つ。

（1）二人ともキャリアを続けることが大事。そのために育休を取ったのではなかったか。

（2）安定職ではない自分の仕事で家族を養っていくことは難しい。

（3）男性でありながら二年間の育休という前例のないことをしたんだから、ちゃんと戻って働かないと、せっかくの「いい例」が「悪い例」になり、今後男性の育休が取りにくくなる。

前者二つは、呑気な私にはどうでもいいことだった。でも、三番目だけは気になった。こうして充実した育休ライフを送らせてもらったのも、理解ある上司や同僚のおかげ。その思いを、裏切ることになってしまう。それに、もっと多くの男性に、この生活を経験してもらいたいという気持ちもある。育休のままフェードアウトで辞めてしまう「悪い例」になってしまったら、逆効果ではないのか——。

そう考えると、どうやら、復職はしたほうがよさそうだ。残る選択肢は二つ。

（1）私が息子を連れて帰り、妻はアメリカに残り、一人で仕事を続ける。

（2）私が一人で帰り、妻と息子はアメリカに残る。息子は保育園に預けながら、妻がシングルマザーとして仕事を続ける。

話し合いの末、私たちは、後者を選択することにした。せっかくアメリカにいられるチャンスがあるのだから、息子には英語を覚えさせたい。もうすぐ二歳になる息子だ。あと二年いれば、それなりに英語を覚えるのではないか。シングルマザー生活については、とりあえずやってみよう。それでだめだったら、また別の方法を考えればいい。

私の復職は、数カ月後に迫っていた。

だんだん近づく育休終了

それから、保育園探しが始まった。そこで、驚きの事実が明らかになる。何と、こちらの保育園、フルタイムで週五日預けると、二〇〇〇ドル近いお金がかかるのだ。当時一ドルは百円程度。つまり、月二十万円。衝撃である。どうやら低所得者には補助金が出るようだが、私たちは居住者ではないので、補助金を申請できる資格がない。何ともばからしい話だが、毎月二十万円の保育園代を払いながら、二カ所の家賃を支払い、別居生活をするのだ。周りのママ友には、「もうこのまま辞めちゃいなよ」と言ってくれる人もいた。でも、まずは別居生活をやってみよう。ダメだったら、またその時に考えればいい。そう決めていたので、保育園探しを続けた。

保育園探しは難航した。どこも、待機なのである。このときすでに、復職が数カ月後に迫っていたのに、待機期間は一年近いところがほとんど。やむを得ず、大学構内にある保育園（一番高かった）に泣きつき、もうすぐ別居になるという事情を説明したところ、特別措置として入園させてもらえることになった。入園日は、息子の二歳の誕生日に決まった。二歳から、ある程度保育料が安くなるのだ。といっても一八〇〇ドル。驚きの価格であることに変わりはない。

悪夢の二歳の誕生日

そして運命の日がやってきた。二歳の誕生日。保育園の入園日である。いつも通り、車に三人で乗りこんだ。息子は、いつものようにママを送って行くだけだと思っていたに違いない。でも今日は様子が違う。大学構内の別の場所で、車を降りた。パパもママも一緒に来るらしい。お、何だか楽しそうな場所だぞ。おもちゃがいっぱいある。子どももいっぱいいるぞ。皆英語で、何を言ってるかよくわからないが、楽しそうなのはいいことだ。よーし、遊ぶぞー。パパー、見てー。ここ、楽しいよー。連れてきてくれてありがとう～。

帰るタイミングがわからず、一時間ほど、そうやって遊んでいる息子を見ていた。「何だ、意外とあっさり慣れてくれそうだな」そう思っていたところ、先生がこっちに来て、「そろそろ帰ってください」と耳打ちをされた。息子が遊んでいるすきに、そっと帰ってしまってもよかったのだが、そういうのはあまり好きではないので、「じゃあパパ帰るからね」と息子に言った。そこで、ようやく仕掛けがわかったらしい。パパは僕をここに置いて帰るつもりなんだ。さっきまでとは一転、号泣する息子。それを押さえつけ、目で「帰れ」と合図する先生。私は泣く泣く、保育園を後にした。

その時の虚無感と言ったらなかった。何せ、生後二カ月から二歳になる今日までの約二年間、ずーっと一緒にいたんだから。それなのに、いまこうして、離れて暮らすための準備を、着々と進めている。「何をやってるんだろう」そんな気持ちでいっぱいだった。

特に慣らし保育等はなかったので、初日から九時間預けることになっていた。そしてお迎えの時間がやってくる。保育園に車で到着。車を降り、保育園のドアを開ける。そこから、誰かの泣き声が聞こえた。この声は我が子に違いない。息子の教室は一階の奥の部屋。入ってみると、やはり声の主は息子だった。先生によると、「半分泣いて、半分遊んでた。初日はこんなもの」とのこと。でもきっと、一日中泣いていたに違いない。その証拠に、息子の好物を入れたはずのお弁当は、まったくの手つかずの状態だった。ますます、「何をやってるんだろう」という気持ちが強くなった。今日はめでたい誕生日だというのに。二年前、生まれたばかりの息子を抱いて、「この手で守ってあげよう」と誓った、その日だというのに。

次の日は、保育園の最後の曲がり角を曲がるところで泣き始めた。その次の日はひとつ前の信号から。その次の日は車に乗った瞬間から。さらに次の日は、家の玄関を出る時と、毎日のように泣き始めるタイミングが早まっていった。ますます、この子を置いて日本に帰ることの意味について、考えが揺らいでいた。本当に、離れて暮らす意味などあるのだろうか。
それでも、帰国の日は着々と近づいていた。

涙涙のお別れ

無情にも時は過ぎ、お別れのときが訪れた。一カ月前から、この日に向けて、毎日のように、「あと○日でパパは日本に帰るから、お別れだよ」と言い聞かせてきた。二歳になったばかりの息子は、まだ単語レベルでしか話ができない。私の言っていることがわかっているのかどうか、わからない。でも、自分に言い聞かせるように、毎日のようにカウントダウンを続けていた。

そして、お別れの日。毎日のようにカウントダウンを続けていたおかげで、私自身は、比較的落ち着いた気持ちでこの日を迎えることができた。泣かせないために、保育園に行かせている間にいなくなってしまったほうがいいのでは、とアドバイスをしてくれる友人もいた。でも、そうすると、自分の知らぬ間にパパがいなくなってしまったことをいずれ知ることになり、結果としてますます息子を悲しませてしまうに違いない。きっちりと、空港でお別れをすることにした。

妻の運転で、空港へ向かう。息子はわかっているのかいないのか。空港に着いても、大好きな飛行機を見て、嬉しそうにしている。チェックイン手続きも済んだ。「じゃあ……、パパ行くね」ようやく察したのか、泣き始める息子。離れるに離れられない私。この時点ではまだ、会社を辞めることにはなっていない。つまり、これからいつまで別居生活が続くのかわからないのだ。もしかしたら、二年間のお別れかもしれない。もちろん、ゴールデンウィークや夏休みなどで会うことはできても、一緒に暮らすことは、かなわない。

こみ上げる涙を抑え、出国手続きのゲートへと向かった。このときの息子の泣き声が、今でも耳に焼き付いている。

【コラム1】 魔界のルール

男子禁制の魔界へようこそ。ここは、女だけが立ち入ることを許された、秘密の園。男が一歩でも入ろうものなら、噛みつかれて逃げることもできない……（ギャー！）

なんてことは、まったくありません。ちょっとだけ気を付ければ、魔界（ママ界）ってとっても楽しいところ。そこで、私がこの5年間で辿り着いた、魔界のルールをお教えします。

ルール1：子どもに委ねる

そもそも、子連れで思い通りに動こうと思うのが間違いです。児童館では、子どもに行動を委ねましょう。子どもを中心におくことで、自然と会話も生まれます。

その2：めげない

多くのパパが、1回児童館に行って馴染めず、2度と足を運ばなくなってしまうようです。でも、所詮は異分子であることを忘れないでください。仲間に入れてもらえたらラッキーと思い、疎外感を感じてもめげずに通い続けましょう。そのうち、興味を持ってくれる人、きっといますから。

ルール3：敬語キープ！

馴れ馴れしい口調はNGです。相手によってはタメ口でも受け入れてくれることもありますが、もし仲良くなって、あとあと旦那さんに会った時にどう思われるかを考えたら……、ねぇ。絶対に、敬語をキープしておいたほうが無難です。

以上、あくまでも私の場合なので、ご参考まで。慣れてきたら、自分なりのルールを見つけてくださいね。ママ友をいっぱい作って、楽しい育児ライフを送りましょう！

【コラム2】 もらって嬉しい出産祝い

結婚ラッシュと同じで、出産ラッシュって続きますよね。非常におめでたいことなんだけど、そのたびに頭を悩ませるのが出産祝い。いったいどういうものが喜ばれるのか、特に自分に子どもがいないと想像が難しいと思います。

そこで、我が家がもらって嬉しかった出産祝いをご紹介。もちろん全部嬉しいんですが、その中でも選りすぐりものを。

1. 名前入りグッズ（タオル・Tシャツ等）

これ、素直に嬉しいです。つい先日まで夫婦でああでもないこうでもないと悩んで付けた名前が、そこに入ってるんですから。特にタオルやTシャツは、長いこと使えて実用的。Tシャツなどの衣類は、ちょっと大きめにしておくのもポイントです。

2. きょうだいお揃いのものを

２人目以降の出産祝いには、こういう配慮も嬉しいです。ただでさえ「パパ・ママを下の子に取られた！」と不満がたまっている時期に、下の子だけプレゼントをもらうと、不満が爆発しかねませんから。上の子の感情って、けっこう複雑なんですよね。自分が末っ子なので、そんなことは次男が生まれるまで知りませんでしたが。

3. あて名は子どもの名前で！

宅急便などで送るときのあて名は、親の名前ではなく、子どもの名前にしてあげましょう。上記１と同じ理由で、とっても嬉しいです。うちでも、「初めて○○あてに荷物が届いたよ！」って、思わず伝票の写真を撮ったことがありました（笑）。

2 楽しいんだけどむなしい!?

——カラ元気の逆単身赴任時代

初めて息子と離れて

帰国してから復職まで、六日間の期間を取っていた。その間は親元に住み、住む場所を決め、時差ボケも直すつもりだった。初日は、虚無感でいっぱいだったので何もせず。次の日、部屋探しを始めた。

横浜にあった職場は、休職中の二年の間に厚木の山奥に移っていた。会社近くのアパートを見て回ったところ、一人暮らし用のアパートだったら、月々三万円ぐらい。息子の保育園に月十八万円が消えるので、家賃はなるべく削らなければならない。離れて暮らす妻子に仕送りをするため、山奥の三万円のアパートに住み、昼も夜も仕事をし、ひたすら負のオーラを発しながら生活を続ける……そんな生活を、当初は考えていた。

でも、帰国して数日で実感、やっぱり東京はいい！　何ともうまく言えないけど、やっぱりいいのである。そこで計画をあっさり変更した。せっかくの一人暮らし、楽しまなきゃ損！　ということで、なるべく東京寄りに住むことにした。家賃はもちろん、削らなければならない。自分の給料を考えると、四万円が上限だろう。何なら、風呂はなくてもいい。小田急線沿線のなるべく東京寄りで、家賃四万円。条件にあった部屋はあるのだろうか。無理を承知で、まずは下北沢の不動産屋に相談に行った。すると、百件近く電話をかけてくれて、条件にあった部屋を見つけてくれたのである。なんでも言ってみるものだ。

見学に行って、一目ぼれした。いかにも昭和な雰囲気がただよう、レトロなアパートだったのだ。トイレは付いていたが、風呂はなかった。でも、銭湯が近くにある。妻子持ちでありながら、シモキタの風呂なしアパートに住む。この感覚が、非常に気に入った。

即契約して、引っ越しをした。引っ越しと言っても、荷物なんてほとんどない。スーツケース一個だけで、ちょっと旅行にでも行くような、実にあっさりした引っ越しだった。

このようにして、不思議な逆単身赴任生活が幕を開けた。

一目ぼれしたシモキタの風呂なしアパート。昭和の香りたっぷり

復職は順調に

ちょっとした部署異動はあったものの、仕事への復帰は、何の問題もなかった。二年間のブランクなどクソくらえである。新しい部署は、前の部署と同じ部の違う課。フロアを少し歩けば、元同僚と顔を合わせるぐらいの距離である。仕事の内容は変わったが、すぐに慣れることができた。

昔の上司や同僚へのあいさつを終え、真っ先にしたことは、ゴールデンウィークの休暇申請だった。四月一日に復職して、いきなりゴールデンウィークとくっつけて、十八連休を申請した。新しい上司も、私の家族の状況を理解してくれ、あっさりハンコを押してくれた。非常にありがたいことだ。

これで、GWに、一カ月ぶりに息子と妻に会える。とりあえず、それまでは頑張って働こう。当面の目標ができた。

久しぶりの自由、楽しまなきゃ損!?

新生活を始めて一週間。久しぶりに味わう自由に、実はこころを躍らせていた。時間って、こんなにあったんだ。何せ、これまでの二年間、自分の時間などというのはほとんどなかった。それが急に、二十四時間自分の時間になった。会社に向かう電車も、仕事中も、帰る電車も、帰宅後も、すべてが自分の時間。トイレに行きたければ、自分のタイミングで行ける。子どもを抱っこしていて手が離せず、お茶を飲みたくても飲めないなんてこともない。それどころか、往復の電車で大好きな読書もできる。毎日のように、好きなものを食べ歩くこともできる。毎日のように、飲みに行くことだってできる。周りの友人も、私のおかれた状況に同情してか、飲み会などに誘ってくれた。

私も皆のお誘いを断ることはほとんどなく、毎日のように出かけていた。もちろんその間も、離れて暮らす家族のことを片時も忘れたことはない。いつも心の片隅に寂しさを抱えながら、カラ元気で、無理やり楽しんでいただけだったのかもしれない。

寂しさを助長するスカイプの罪

とはいえ時代は二十一世紀である。ほぼ無料で、テレビ電話ができる時代だ。約十年前、ワーキングホリデーでカナダに行っていたころとは大違いである。あの頃は、各社から出ている国際電話カードというのを比較し、安いのを見つけて購入し、公衆電話から電話をかけていた。それが今や、無料かつテレビ付きだ。技術の進歩は目覚ましい。

かといって、いいことばかりかというと、そうでもなかった。テレビ電話、顔が見えるのはいいのだが、これがかえって寂しさを助長するのだ。妻はいつも、私と多少の会話をした後、つなぎっぱなしにして、自らは家事をしに行き、息子をカメラの前で遊ばせて、その姿を私が見えるようにしてくれていた。パソコンの小さな画面内で動き回る息子。一応、パパと電話がつながっているのは認識しているようだが、特にこっちのことは気にもせず、ぐるぐる回ったりしながら遊んでいる。日本語と英語が混じった環境に置かれているせいか、話し始めが遅かったので、当時はまだ、英語も日本語も、話せても単語のみ。今の気持ちやパパへの思いを、口に出して伝えてはくれない。もどかしさが募るばかりであった。毎日その遊ぶ姿を見ながら、この手で抱きしめてあげたい、一緒に遊んであげたい。そんな感情に駆られた。

このようにして、いっそう「何やってるんだろう」という思いが強まっていった。

何を見ても息子を思い出す

急に一人になった私を気遣って、一緒に住むことを提案してくれた友人がいた。同じ会社の、同期である。寂しいだろうから、一緒に住まないかと。友人は車通勤だったので、朝も帰りも、同乗して通勤すればいい。奥さんも、私だったら一緒に住んでもいいと言ってくれているという。何とありがたい申し出だろう。友人の暖かさに、涙がこぼれた。でも、アパートを契約したばかりだったし、そのころにはすでに、会社を去ることを考え始めていた。それほど長く、日本にいるつもりはない。せっかくの申し出だが、お断りすることにした。けっきょく一緒に暮らすことはなかったが、何度も夕飯に誘ってもらった。奥さんの手料理をごちそうになり、友人と酒を飲み、そのまま泊まらせてもらうこともあった。その友人には、息子より半年大きい男の子がいる。人懐っこい子で、私が行くと、いつも笑顔で迎えてくれた。そして、覚えたての言葉で、いろいろな話をしてくれた。アンパンマンやヒーローものなどについて、いろいろと語ってくれるのだ。心の底から、かわいいと思った。と同時に、息子のことを思い出さずにはいられなかった。ちょうど息子も、言葉をいろいろと覚え始めている時期だ。あと半年もしたら、こんなに話せるようになっているのか。そう思うと、いちばん大事な時期にこうして別居をしていることに、ますます疑問を感じるようになった。

シングルマザー奮闘

そんな風に精神的に揺れ動いていた私とは打って変わって、妻はとにかく、肉体的にきつかったはずだ。親戚もいない異国の地で、フルタイムで働きながらのシングルマザー生活。しかも、魔の二歳になりたての息子と二人。想像するだけで、尻尾を巻いて逃げ出したくなる状況だ。

でも、持つべきものは友である。私がいなくなった後、W家が中心となって、妻への援助体制を敷いてくれたのだ。平日はほぼ毎日、W家を中心とする数家族が、交代で妻と息子を夕飯に招いてくれた。おかげで妻は、仕事が終わったら息子を迎えに行き、誰かの家に行って夕飯をごちそうになり、あとは帰ってお風呂に入って寝るという生活ができていた。もちろん掃除・洗濯もあるが、夕飯の心配をしなくていいというのは、本当に助かったはずだ。

こんな風に、私も妻も、身の回りの友人にいろいろと助けてもらっていた。本当に、いくら感謝してもしきれない。

やっぱり家族は一緒がイチバン！

飲み歩き、スカイプ、友人宅での滞在など、いろいろなことを通じて、私が出した答えは、至ってシンプルなものだった。「やっぱり家族は一緒がイチバン」。ごく当たり前のことだが、普通に一緒に暮らしているだけでは、その大切さに気付くことはなかっただろう。

そのシンプルな答えを実現するために、夏までには何としてでも、渡米しよう。そう心に決めた。そうやって私は、再び渡米するための手段を探し始めた。

GW、一カ月ぶりに感動の再会!?

そんな中、復職後すぐに申請していた十八連休のGWがやってきた。もちろん、初日から最終日まで、みっちり渡米した。

アメリカ到着は平日だったので、妻は仕事のはずだった。当然、息子も保育園。でも、妻が気を利かせて、空港まで迎えに来てくれていた。空港ゲートで、感動の再会！　と思いきや、一カ月ぶりに会う息子は、なんだか他人行儀。抱っこはさせてくれたものの、あまり目を合わせてくれず、たまにチラッとこっちを見る程度。目が合ったのでにこっと微笑みかけると、すぐに目をそらしてしまう。誰かわかっていないのか、わかってはいるのだが、甘え方を忘れてしまったのか。いずれにしても、私にとっては、少し寂しい再会だった。空港から家に向かう間に、ペースを思い出してきたのか、だんだん笑いかけてくれるようになったのでよかったが。

毎日会っているとあまりわからないことだが、久しぶりに会うと、こどもの成長がよくわかる。当時二歳一カ月だった息子は、この一カ月で、本当に成長していた。何よりも、言葉が格段に増えている。ますます、こんな時期に別居している場合ではない。早くこっちにこなければという思いを強めた。

最後の頼みの休職制度

十八連休を終え、再び日本に戻った私は、時間さえあれば、渡米する方法を考えるようになった。育休中の愛読書だった「人事関係規程集」を再び引っ張り出し、会社の制度について、片っ端から調べた。制度はあっても、こういうことを会社から教えてくれることはないのだ。制度を利用したければ、自力で探さなければならない。

とにかく片っ端から調べていくうちに、最適な休職制度があることを発見した。「配偶者の海外赴任に帯同するための休職制度」。会社の命により配偶者が海外に赴任することになった場合、休職を取得できるという制度である。まさに、うちではないか。さっそく、上司に相談することにした。

今回の相談では、制度取得の権利を前面に押し出すことなく、とにかく私が出したシンプルな答えを中心に上司に話し、そのためにこの制度の利用が必要であると説明した。「家族は一緒であるべき」。家族を持つものであれば、きっと理解してくれるだろう。その一心で、上司に思いをぶちまけた。上司は、私の思いに理解を示してくれた。そして、その休職制度について、人事に問い合わせてくれることになった。

ドラマ『アットホーム・ダッド』にはまる

アメリカに戻る構想を着々と練っていたとはいえ、自由な時間はたっぷりあった。演劇鑑賞や読書、ＤＶＤ鑑賞などは、相変わらず続けていた。ある日、前々から気になっていたドラマを、レンタルＤＶＤ屋で見つけた。阿部寛主演の、『アットホーム・ダッド』だ。ちょうど育休に入ったころに友人にすすめられて、見よう見ようと思いつつ、まったく時間がとれずに先延ばしになっていたのだ。今こそ、見る時だ。

そして、はまってしまった。阿部ちゃんの境遇は、まさに自分と同じものだったのだ。家のことなど顧みないハードワーカーの主人公（阿部寛）は、ある日突然、リストラにあう。仕事が決まるまでの間、妻が元の職場でパートとして働くことになった。「あなた家のことできるの？」「当然だろ、女がやってることをこの俺ができないわけないだろ」と始まったシュフ生活。ところが、始まってみて、その大変さにびっくりする。それでも、近所に住む先輩主夫（宮迫博之）の助けを借りながら、何とかその生活にも慣れていく。ママ友との仲も深めていくにつれ、主夫という仕事の大変さはもちろん、その大切さ、家族のあり方などについて見つめなおすようになった阿部ちゃん。そんなとき、再就職の話が舞い込んできた。好待遇だが、職場は中国。一方妻は、職場復帰してから好成績を上げ、大きな仕事を任されるようになっていた。妻は、仕事を辞めたくないに違いない。もし自分が再就職するなら、妻と子を置いて、単身赴任するしかない。悩んだ挙句、阿部ちゃんが出した答えは――。

まさに、自分のことだと思った。けっきょく阿部ちゃんは、再就職を断り、家族のもとに残る決意をする。自分も、早く家族のもとに飛ばなければ。

誰よりも退職をすすめたのは両親だった

そのころ私は、友人に会うたびに、「復職はしたけれど、もうすぐ辞めるかもしれない」とこぼしていた。「それがいいよ」と言ってくれる人は、ごく一部だった。「せっかくの大企業、辞めちゃうのはもったいないよ」と言う人もいれば、親のことを心配してくれる人も多かった。「そりゃ、自分はそれでいいかもしれないけどさ、親とかってどう思ってるの？」と。

ところが、何を隠そう、あの頃いちばん退職をすすめていたのは、私の両親だったのである。逆単身赴任で帰国してからというもの、「子どもをほったらかして別居で仕事なんて何を考えてるんだ。仕事なんて後でどうにでもなるんだから、早く辞めて家族のもとに行け」という内容のことを、何度も言われていた。

私の単身帰国前、退職をあんなに反対していた妻はと言うと、月日が経つにつれて、だんだん気持ちが変わってきているようだった。物理的に手が足りないというのもあったかもしれないが、やはり、別居生活を続けるにつれ、私が辿り着いたシンプルな答えに、妻も同じように辿り着いていたんだと思う。そしてついに、「休職がダメだったら、もう辞めてこっちに来ていいよ」と言ってくれた。

別居を始めて四カ月。家族全員が、一緒に暮らすことを強く望んでいた。

休職はNO！　即退職へ

上司に相談してから、人事部との面談が数回あった。「検討する」と言われたまま数カ月が過ぎたころ、冒頭に書いた、人事からの宣告があった。「この休職を認めるわけにはいかない」という回答だった。もはや、辞める以外になかった。このまま別居を続けるという答えは、どこにもなかったから。

大きな会社だったので、退職手続も手軽なものだった。イントラネット上に、退職願というのがある。それを開いて、印刷する。一カ所だけ、退職の理由を選択する項目があるが、それも「一身上の都合」「その他」だけだ。名前や職番などは自動で入力される。そして、上司にハンコを押してもらって、人事部に社内メールで送っておしまい。退職なんて、多くの人にとって人生の一大イベントのはずが、実にあっさりである。早いとこ手続を済ませて渡米したかった私にはありがたいことだったが。

夏休み前に退職手続を済ませ、夏休みから渡米し、そのまま戻らないつもりだった。でも、人事の判断に時間がかかったため、間に合わなかった。どうなるかわからないまま夏休みが近づいてしまったので、とにかく残りの有給を全部申請し、渡米してしまうことにした。もしかしたら、有給を使い切ったあと、退職のためだけに一回出社しなければならないかもしれない。そんな中、再び渡米。妻子と感動の再会を果たす。

その後上司が人事といろいろと掛け合ってくれ、本来ならば最終日に出社しなければならないところ、二度と出社することなく、晴れて退職となった。辞めていく部下のために時間を割いてくれた上司には頭が上がらない。この場を借りて、お礼を申し上げたい。

それでも有意義だった四カ月間

このようにして私は、期間限定主夫から、四カ月の別居期間を経て、無期限の兼業主夫へと転身した。この四カ月、非常に寂しくつらい思いをしたが、悪いことばかりだったかと言えば、そうでもない。

多くの友人の温かさに触れることができたし、何よりも、家族が一緒に暮らすことの大切さを知ることができた。普段何気なく顔を合わせていると気付くことは難しいが、一緒に暮らすという「当たり前」のことが、本当は一番大切なことなのだ。そこに気付くことができたという意味で、この四カ月は、私たち家族にとって、とても意味のある期間だったと言える。そして、これからのそれぞれの人生においても、重要な意味を持つに違いない。

【コラム3】 子連れ飛行機のコツ、伝授します

たった10分の電車でも憂鬱なのに、何時間も飛行機に乗るなんて考えられない！というあなた。そんなあなたに、長男が6カ月から4歳になるまで20回以上も子連れで飛行機に乗っている私が、子連れ飛行機のコツを伝授します！

その1：なるべく夜の便を！

もちろん、ぐっすり寝てもらうためです。うまく寝るタイミングに合わせれば、10時間ずっと寝ていたなんて話も！？

その2：グッズに頼る

オモチャやグッズに頼ります。いちばん場所をとらずに時間を稼げるのがデジカメの動画機能ですね。子どもの姿を動画に収め、これを見せる。それだけで、10分はもつはず。いろんな10分をつなぎ合わせて、何時間ももたせましょう。

その3：開き直る！

これがとにかく大事です。だって、遊びたい盛りの子どもが、何時間もじっとしてるはずがないじゃないですか。もう、きっぱりとあきらめて、歩きたいだけ機内を歩かせたり、トイレの鏡で遊ばせたりするしかないです（もちろんすいてる時にね）。飛行機って、何もしてなくても結構ウルサイもの。泣いたり騒いだりしても、自分が思っているほど、周りは気にしてませんから。それでも周りが気になるようだったら、最初っから謝っちゃうのも手ですよ！　とにかく、親の気持ちは子どもに伝わってしまうので、あたふたとしてるのがイチバンNG。「泣くのも騒ぐのもドンと来い！」と堂々としていれば、気が付いたら目的地だった、なんてことも！？

【コラム4】歯磨きって大変!?

子どもの歯磨きって大変ですよね。なかなかおひざにゴロンしてくれず、ようやくしてくれても、なかなか大きな口を開けてくれない。ムリヤリ羽交い絞めにして、口をこじ開けて磨き始めると、子どもは絶叫。お隣さんから虐待を疑われないか心配……。

そんな経験、誰にでもあるのでは？　もちろん、我が家もそうでした。何とかならないかと、いろんな方法を試したんですが、なかなかうまく行かないものですよねぇ。

そんなある日、「ほら、あーして。あーーーー、あーーーー、あーだってば！」と繰り返しているうちに、ひらめいたんです！　「あー」ばっかり続く、いい歌があるじゃない！　と。その歌とはズバリ、さだまさしの「北の国から」。

ああー、あああああーあ、ああー、ああああー♪

と、ずーっと「あー」が続く、理想的な歌じゃないですか。

さっそく試したところ、当時2歳だった長男には効果テキメン！　メロディも覚えやすいんでしょうね。あっという間に覚えて、一緒に歌いながら歯磨きできるようになりました。

あれから3年、ずーっと毎日続けてるので、長男はすっかりこの歌を覚えてしまいました。21世紀生まれにして、北の国からを完ぺきに歌えるなんて、小粋だと思いません？　うちの長男に会うことがあったら、耳を澄ましてみてくださいね。よく口ずさんでますから（笑）。

皆さんも、オリジナルの方法を編み出して、いろんな子育ての試練を、楽しみに変えていきましょう！

【コラム5】 2人お風呂の救世主

2人目ができると、大変さは2倍以上になると言う人もいれば、それほどでもないと言う人もいます。それって、どっちも真実だと思うんです。シーンによって、大変さって変わってきますからね。

私の場合、2人目ができて最初にぶち当たった壁が、お風呂でした。次男が生まれ、男3人でお風呂に入るのが楽しみだった私。1カ月のベビーバス期間を経て、いよいよ一緒にお風呂に入れることに。最初は特に疑問にも思わず、2人を裸にして、自分も服を脱いで、お風呂に入ってみました。

そこで発覚！　まったく手が足りないんです！　だって、次男を抱えているだけで、すでに両手が埋まってるんですから。あれ、長男の体って、誰が洗うの？　自分の体は？　どうやって体拭くんだ？　妻の帰りは遅いので、ヘルプも頼めない……。

悩んでブログで相談したところ、いろんな方から回答をいただけました。その中でも一番役立ったのが、スイマーバという、首に付けるタイプの浮き輪。首を支えてくれるので、首が座っていない1カ月児から使用可能という優れもの。さっそく購入して試してみましたが、これが非常に便利でした。目を離すことはできなくても、手を放すことができるので、いろんなことが出来ちゃうんです。

それに、まだ数カ月の赤ん坊が、お風呂でスイースイーって泳ぐんです。見ているだけでもとってもかわいい。かわいいし便利だしで、スイマーバ、絶対におすすめです！

3

期限なしの兼業主夫へ

——在宅翻訳家の兼業主夫的生活スタート

フリーランス宣言!　不安はないといえばウソ

　このように、ほとんど勢いで、大企業という安定から飛び出してしまった私。憧れていた「フリーランス」になれたとはいえ、この先どうなることやら。いくら呑気な自分でも、さすがに今回ばかりは不安がつきまとった。でも、もう辞めてしまったのは事実。やるしかない。幸い、育休中に始めた在宅翻訳は、それなりにうまくいっていた。まだ取引先は一社だが、これからトライアルを受けて登録会社を増やせば、それなりに仕事がもらえるのではないだろうか。不安と期待の入り混じる中で、私の新生活が幕を開けようとしていた。

　渡米直前、そんな私の不安を少しだけ解消してくれたエピソードがある。私がお世話になっている翻訳会社の夏のボーリング大会に誘っていただいたときのことだ。ボーリング大会には、その翻訳会社の社員の方と、私のようなフリーランサーが数名来ていた。私は名目上まだ会社に所属していた（有給消化中だった）ので、まだフリーランスにはなっていない。それに対し、他の方々は、フリーランスになって何十年もたつような大先輩ばかりだった。

大会後の懇親会で、大先輩の翻訳家の方と話していた時のこと。私が数日後に会社を辞めて妻子のもとに渡ることを伝えると、「ああ、私も似たようなものですよ」と、ご自身のこれまでのエピソードを語ってくれたのである。

奥さんと同じ職場で働いていたが、奥さんの転勤話が出て退職し、ついて行ったこと。当時まだ幼かった娘さんを、それからずっと育てながら翻訳を続けてきたこと。毎年夏には、一カ月貸別荘を借りて、娘さんと二人で旅行に行くこと。奥さんは仕事を続けていてそんなに休めないので、一週間だけ、その貸別荘に遊びに来ること。そして、なんと、娘さんが高校生になった今でも、その旅行を続けていること。「小さいころからずっと向き合ってきたから、この歳になっても一緒に旅行に来てくれるんだよ」と、嬉しそうに、携帯で撮った写真を見せてくれた笑顔が印象的だった。

これからフリーになる不安を感じていた私には、とても勇気づけられるお話だった。私もこうなりたい！　フリーになってそれなりに稼げるようになったら、毎年一回、子どもを連れて長期旅行に出よう。子どもが思春期になっても、それについてきてくれるような関係を築こう。そんな、人生の目標のようなものができた。

即渡米　二カ月ぶりの再会にお互い戸惑う

さて、前述のとおり、有給消化の形で、夏休み初日から渡米した。ＧＷにアメリカで会った後、六月にビザの更新で妻と息子が一度帰国していたので、二カ月ぶりの再会だ。またしても、ぎこちない再会となった。まるで別人のように言葉を話せるようになった息子に、正直こっちも戸惑い、向こうもパパとの遊び方を忘れてしまったようで戸惑い……。

それでも、二年間で培った信頼関係は、数日もすれば修復できたようだ。すぐに、また元通りのパパっ子になってくれた。

フルタイムで預けていた保育園は、九時から十五時半のパートタイムに変更した。相変わらず朝は行きたくない様子だが、今度は私もある程度稼がなければならない。専業主夫になるわけにいかないのだ。かといって、フルタイムで預けて十八万円の保育料を払い続ける余裕もないし、息子と遊ぶ時間もほしい。そこで、三時半お迎えのパートタイムがちょうどよかったのだ。といっても、一八〇〇ドルが一三〇〇ドルになっただけで、相変わらず驚きの価格だったが。

とにかく、息子を預けている六時間半の間に、家事と翻訳の仕事をこなす。お迎えの後は、とにかく息子と遊ぶ。残りの仕事は、夜中にやる。そんな生活が始まった。

シュフ業のブランクは取り戻すのが大変？

このように、パパと子の信頼関係は数日で取り戻せたが、シュフ業のブランクは、なかなか取り戻すのが大変だった。前にも書いたように、シュフの道とは、タイムマネジメントの道。育休中の二年間である程度ペースがつかめていたはずだったが、お気楽な一人暮らしを四カ月も送ってしまったせいで、なかなか感覚が戻ってこなかった。妻と息子のお弁当を作るのに、かつては四十分ぐらいで出来ていたのが、一時間以上かかってしまったり。

まあ、フリーランス宣言をしても、急に仕事が増えたわけでもなかったので、それなりに時間を取れたのが不幸中の幸いだったが。けっきょく、元通りの感覚を思い出すのに、数カ月はかかった。それぐらい、シュフ業とは奥が深いものなのである。

魔の二歳、悪魔の三歳？

それにしても、である。二カ月ぶりの再会で、まったく別人のようにしゃべれるようになっていたことは前にも書いたが、それ以上に変貌していたことがある。とにかく、自己主張が強くなっていたのだ。嫌なことがあると、すぐに「NO！」と叫ぶ。基本的に、家で話す言葉は日本語なのだが、「NO」だけは、なぜか英語だった。これがまた、本場仕込みの「NO」だから、発音が非常によろしいのが鼻につく。「ノー」ではなく、「んノー」なのである。魔の二歳とはよく言ったものだ（ちなみにこの「魔の二歳」、どうやら世界共通らしく、英語でも「Terrible Two」という言葉があるそうだ）。

そうかそうか、二歳が大変だったら、あと一年、我慢すればいいんだなと思ってたら、さらに上を行く言葉があることを知って愕然とした。魔の二歳の後は、「悪魔の三歳」と言う言葉があるらしいのだ。今の状態に、さらに「悪」が付くなんて、どんだけ悪くなりゃ気が済むんだ！　と、絶望的なキモチになったものだ。

でも、長男が五歳になった今になって振り返ってみると、子どもの成長ってうまくできている。成長に伴って大変なことが増えるのと同時に、かわいい部分も増えていくのだ。言葉を覚えたり、数字を覚えたり。生意気なことを言ってみたり。そしていつだって、かわいい部分のほうが、大変な部分を、ちょっとだけ上回る。だから、我が子を愛さずにはいられない。いつの時代も、そうやって世界は回ってきたんだな。子育てをしてると、そういう突拍子もないところに考えが行き着くことがあるのがまたオモシロい。

二十二番の魅力

そんな、二、三歳児の面白さを示すエピソードを紹介しよう。長男が初めて数字を覚えていく過程を記した、ブログ記事を引用する。

子どもが言葉や文字を覚えていく過程って面白いですよね。
昨日言えなかった言葉がとつぜん今日言えるようになってたり。

そういう意味で、二歳から三歳ぐらいって、一緒にいてすごく楽しかった。
途中別居期間はあったけど、会社を辞めて本当によかったと思います。

子どもと過ごす時間。
私にとって、かけがえのない大切な時間です。

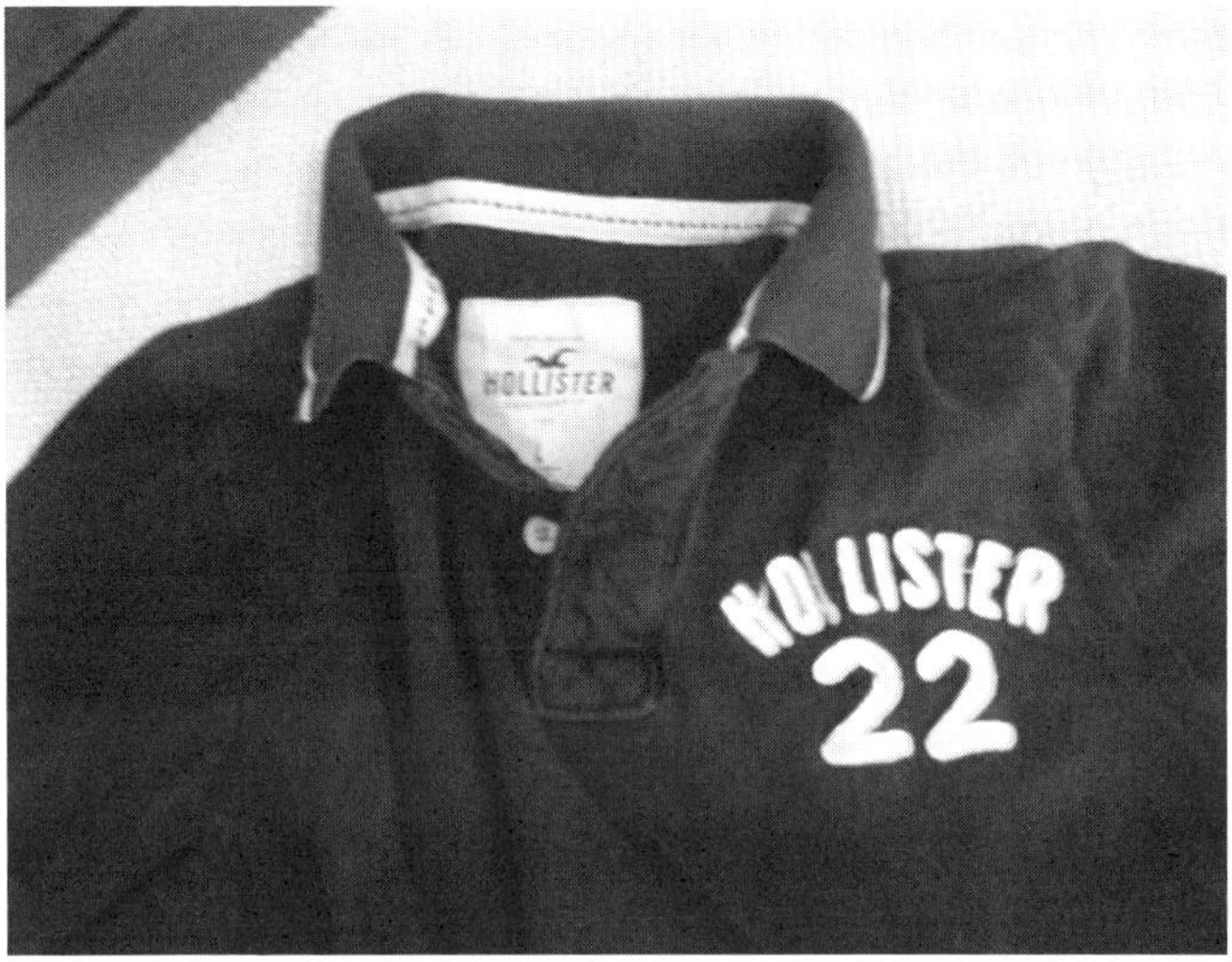

さて本題。

今から二年ほど前、まだアメリカにいたころの話です。

はっきり覚えてないのですが、当時長男は三歳になったばかりのころかな？

次男はまだ生まれてません。

ある日長男が、私の着ていた服を見て、「パパー、何で22番のお洋服着てるの？」と言ったんです。

（これがその服）

「えー、買ったらたまたま書いてあったんだよ」と私。

あまりに普通にその言葉が出てきたので、さらっと流してしまいましたが……。

あれ！？

今、22番って言ったよな。

まだ数字、読めないんじゃなかったっけ？？

試しにもう一度、胸の刺繍を見せると、「にじゅうにばん」と、ちゃんと読むじゃないですか。

いつの間に覚えたんだろう。

保育園には通っているけれど、先生は英語しかしゃべらないしなぁ……。

そこでためしに、他の数字も書いて見せたんです。

1、2、3、4、……10、……100

するとなんと！

他の数字は全く読めないのに、「22」だけ読めるんです。

不思議ですよね～。
だって、「2」が読めないのに「22」が読めるんですから。
こいつはオモシロい！と思って、理由を追求してみることに。
きっと身近なところにヒントがあるに違いないと、家の中で22番を探してみました。
でも、これといった手掛かりは見つかりません。
他にも、車の中、保育園、等々……。
いろいろ探してみたけど、手がかりはつかめませんでした。

それから数日後、妻が車を使いたいというので、息子をバスで保育園に送っていくことになりました。

近所のバス停に歩いて行き、バスを待つこと数分。

私がぼけーっとケータイをいじっていたら、息子がこう言ったんです！！

「22番来たよー」

ケータイに気を取られていた私は、

「あいよー」なんつってバスに乗り込んだんですが……。

あれ！？

今、22番って言った！？

そうか、22番って、バスの路線番号だったんだ！！

乗り物が大好きな息子。

毎日放課後には、近くのCaltrainという電車の駅に連れて行ったり、路線図を見たり。

休日には空港に連れて行ったりもしました。

毎月の誕生日（2日）は「電車デー」と称して、バス→Caltrain→LightRail→バス→バスという乗り継ぎをして、3時間かけて保育園から帰ってきたり。

いろいろしていく中で、いつも乗るバスの番号を覚えてたんですね。

やっぱり、好きなものから覚えていくんだ。

同様に、次に覚えたのが「522」番。

同じ路線の快速バスの番号です。

1桁の数字よりも2ケタ3ケタから覚えてくって、オモシロいと思いません？

300ぐらいまで普通に数えられるようになった今でも、22番が一番のお気に入り。
オムライスを作るといつも、22って書いて～とせがまれます。

子どものそばにいると、毎日発見の連続です。
こんなに素晴らしい時間を送れるのも、妻が外で稼いできてくれるから。

感謝のキモチを忘れずに、今日も育児に励んでいます。

月に一度の電車デー！

息子は、三度の飯より電車が好き。東京にいたころは、毎日のように電車が見えるところに行き、数分に一本通る電車を見ては喜んでいたものだ。ラッキーなことに、アメリカで住んでいたところでも、家から歩いて十分ぐらいのところに、カルトレインという電車（正確には電気ではないのだが）が走っていた。当然息子はこのカルトレインの大ファンになり、三時半のお迎えの後は、たいていカルトレインの駅に行って、電車を見て過ごした。

でも、見るだけでは気が済まず、乗ってみたくなるのが人情というものだ。しかしこちらの電車、東京の電車のように、一二〇円では乗れない。「のりたい！」「高いから乗らないよ」というのが、いつもの合言葉のようになっていた。

そんなことを続けているうちに、息子がことあるごとに、「ボクはでんしゃにのれないの。たかいから」なんて、悲しい口調で言うようになってしまった。これはさすがにかわいそうということで、月に一度だけ、電車に乗る日を設定した。

お迎え後はいつもカルトレイン駅で過ごした（1 歳 6 カ月ごろ）

三月二日生まれの息子の誕生日にちなんで、毎月二日は電車デー。その日は、車ではなくバスで息子を迎えに行く。そして息子と二人、保育園に近いカルトレイン駅までバスで向かい、そこから電車に乗る。カルトレインでサンノゼまで。片道約三十分の旅だ。そしてサンノゼからは、ライトレールという電車に乗り換える。これでマウンテンビューまで折り返すのだが、これがクネクネ走る路線なので、片道約一時間かかる。そして、マウンテンビュー駅からは、バスで自宅に帰る。三時半ちょうどに出発しても、家に帰るのが七時すぎという、電車好きにはたまらないコースだった。

息子は毎月この日を楽しみにしていたし、私もこの日が好きだった。なぜなら、息子のワクワク顔が見られるから。内心、月に二回にしてもいいんじゃないかとも思っていたが、夕飯が遅くなってしまい、生活リズムに支障が出るので、月一回をキープしていた。

ついにママ界の住人に！

これまでの期間限定主夫とは違い、無期限の主夫業を始めた私。仕事をしているとはいえ、家で黙々とパソコンに向かうだけ。今度ばかりは本当にママ界に入れてもらわなければ、話相手もいない。

ということで、今回は気合が違っていた。幸い、W家パパとのランゲージ・エクスチェンジは再開していたので、W家ママを中心に、ママ界に入れてもらうことができた。そして、その周辺のママ友たちと仲良くなった。

そんな中、誰からともなく、お料理クラブが始まった。週に一回、メンバーの誰かのうちに集合して、お料理を作る。子どもたちは子どもたち同士で遊ぶ。我が子は保育園に行っている時間だったので、私は男一人でそこに参加していた。

毎週のお題は、メンバーが交代で決める。その週の担当者が作ってみたいレシピを調べてきて、それを皆で作るのだ。先生はいないので、お料理教室ではなく、あくまでもお料理クラブ。レシピを見ながら作ったはいいけど、果たしてこれが正解かどうかもわからない、ということが多々あった。明らかな失敗も、何度かあった。そのたびに、皆で爆笑した。

そんなゆるーいお付き合いが非常に心地よく、とかく孤独になりがちな主夫の生活に、彩りを加えてくれていた。それまで家の行き来は未踏の領域だったが、ついにそれが認められ、何の違和感もなくママさんたちと同化することができた。初めてのマ界デビューに失敗した四カ月健診から約二年、長い道のりを経て、ついに私は、マ界の住人になることができたのである。

お料理クラブで作ったアンパン。作った人それぞれの個性が出ておもしろい

「どうしてパパ以外と遊ばなきゃいけないの?」

四カ月の別居生活を経験した私は、一般的なママよりも、息子と一緒に遊ぶことに、必要以上に気合を入れてしまう癖があった。本当はある程度距離を置くべきなのだろうけど、スカイプの画面越しではなく、リアルに一緒に遊べることが本当にうれしくて、本気で遊んでしまうのだ。毎日毎日、暗くなるまで、それこそ子どもに戻って、二人で泥だらけになって遊びつくした。私たちが住んでいたカリフォルニア州はサマータイム制を導入しているので、夏は八時半ぐらいまで明るい。三時半のお迎えの後からでも、遊ぶ時間は無限にあった。

二歳前半までは、それでもよかった。しかし、三歳が近づいてくると、息子の体力がついてきて、こっちの体が持たなくなってきた。翻訳の仕事も忙しくなっていたので、睡眠時間があまり取れていなかったこともある。そろそろ何とかしないとこっちが倒れると思い、ママ友にSOSを出した。週に一回は、保育園のお迎え後、お友達と一緒に遊ぶ時間を作ることにしたのだ。英語で言うところの、プレイデートである。お友達と遊んでくれれば、多少パパは楽になるだろう。淡い期待を寄せて、プレイデートに望んだのだが……。

全然だめなのである。「ほら、○○ちゃんと遊んでおいで」と言っても、「パパと遊びたい」と、すぐにこっちに戻って来てしまう。「今は○○ちゃんたちと遊ぶ時間って決めたんだから、一緒に遊んでおいで」と言っても、「どうしてパパ以外の人と遊ばなきゃいけないの？パパと遊んだほうが楽しいのに」と、ピュアな瞳で見つめられてしまうのだ。パパ冥利に尽きるといえば尽きるのだが、親離れを考えた時、このままでいいのだろうか。

結局この状態がズルズル続き、五歳になってお兄ちゃんになった今でも、パパから離れられずにいる。このままいつまでも付き合うべきなのか、少しは突き放すべきなのか。まだ答えは見つかっていないが、今のところ、いつまでも付き合おうと思っている。期間限定の、息子との時間を大切にしたいから。

お気に入りの「ぷっぷ」

ここで、親離れに関連したエピソードを紹介しよう。長男が五歳になっても手放せない、毛布の話である。

私は、息子がキャラクターものにご執心になるのは嫌だったので、赤ちゃんの頃からキャラクターものをなるべく与えないようにしてきた。するとどうだろう。確かにキャラクターものに興味は示さなかったのだが、私が会社を辞めて日本から戻ってくると、何の変哲もない、ただの無地の茶色い毛布が、お気に入りになっていた。特に、寂しいときには、それがないと落ち着かない様子だった。息子はその毛布のことを、「ぷっぷ」と呼んでいた。寝る時には、ぷっぷがないと寝られない。保育園のお昼寝の時にも、夜家で寝る時にも必要なので、ぷっぷは二枚買い揃えてあった。旅行に行くときも、いつもぷっぷが欠かせなかった。だから私たちが旅行に行くときは、スーツケースの大部分を、茶色い毛布が占めていた。

大好きなぷっぷの中でも、特にお気に入りの場所がある。それが、「はじ」だ。はじとは

「ぷっぷ」のはじでツンツン(2歳0カ月ごろ)

つまり端である。寝る時には、必ずぷっぷのはじを持って、顔につんつんしながら眠りに落ちた。しかも、四つある端のなかでも、嫌いな端が一つあって、それでは絶対につんつんしない。ものすごいこだわりようだ。

こんなにぷっぷが手放せなくなってしまった本当の理由は不明だが、ひとつだけ仮説がある。このぷっぷ、実は、逆単身赴任で日本に帰る前まで、私が使っていた。だから、私の匂いが染みついていたはずだ。そして、別居期間中、パパがいなくて寂しい気持ちをごまかすように、ぷっぷに染みついたパパの匂いを嗅ぎながら、眠っていたというのだ。そしてそれが四カ月の別居中に癖になり、パパと一緒に暮らすようになった今でも、手放せなくなってしまった。

――なんとも都合のいい仮説だが、話の辻褄は合う。本当にそうだとしたら、あの四カ月は、息子にとっても相当に辛い時期だったのだろう。もうこれからはずっと一緒に暮らそう。ぷっぷを見るたびに、私は心でそう誓っている。

さてこのぷっぷ、四歳になって日本に帰国するときにも、当然持ち帰ってきた。ある程度こだわりは減ってきたとはいえ、五歳になった今でも、相変わらず夜寝る時には欠かせない。さすがに旅先に持って行く必要はなくなったので、多少は楽になったのだが。いつかぷっぷを手放す日が来るとしたら、その時が、親離れの時なのかもしれない。

あっという間のアメリカ生活

会社を辞めて渡米してからの兼業主夫的生活は、このようにしてあっという間に過ぎていった。幸い仕事も順調だったし、息子とも楽しい時間を過ごせていた。さらに、ママ友ともいい関係を築けており、家族ぐるみの付き合いをさせてもらっていた。

でも、楽しいときは過ぎるのが速いもの。いつの間にか、妻の任期終了が近づいてきた。ついこの間来たと思ったのに、もう帰国の準備をする時が迫ってきたのだ。帰国は、日本に帰ってからの息子の保育園のことを考えて、二〇一一年の三月三十一日に決めた。四月一日の入園式には出席したほうがいいと考えたからだ。

帰国前日にアパートの引っ越しを済ませ、カラっぽの部屋にお友達を呼んで、感謝祭を開いた。こちらがホストのつもりでいたが、皆さんがいろいろ準備をしてくれ、結局は皆さんにもてなしてもらうような形になってしまった。積もる話は尽きず、最後は皆さんと、涙のお別れとなった。もちろん寂しい気持ちはあったが、どこか爽やかなキモチだったのを覚えている。なぜなら、これで最後な気が、全くしないのだ。それほどに、ここで培った友情は強いものだと思った。また必ず、どこかで会えるはず。そんな予感のようなものが、心の片隅にあったんだと思う。

このように、三年という短い期間ながら、これまでの人生で一番ドラマチックな時期を過ごしたアメリカ生活が終わりを告げた。

明日から、日本での新しい生活が始まる。このとき妻のお腹には、新しい命が宿っていた。

帰国・次男誕生 育児の第二ステージへ

当初は三人で帰国する予定だったが、妻は残務整理が終わらず、しばらくアメリカに残ることになった。息子は四月一日の入園式に参加させたほうがいいという考えから、妊娠中のママを残し、二人で帰国することになった。そして帰国翌日、日本の保育園に入園した。

その二週間後、ママも無事帰国。六月には次男が誕生した。３０１５gの、元気な赤ちゃんだった。こうして私は、二児のパパとなった。長男は、お兄ちゃんになった。育児の第二ステージの開幕である。

次男の誕生は、喜びとともに、我が家に新たな問題をもたらした。長男の、赤ちゃん返りである。それから約一年は、赤ちゃん返りとの闘いの日々だった。語り始めたら長くなってしまうので、そこら辺の話は、またの機会にとっておくことにしよう。

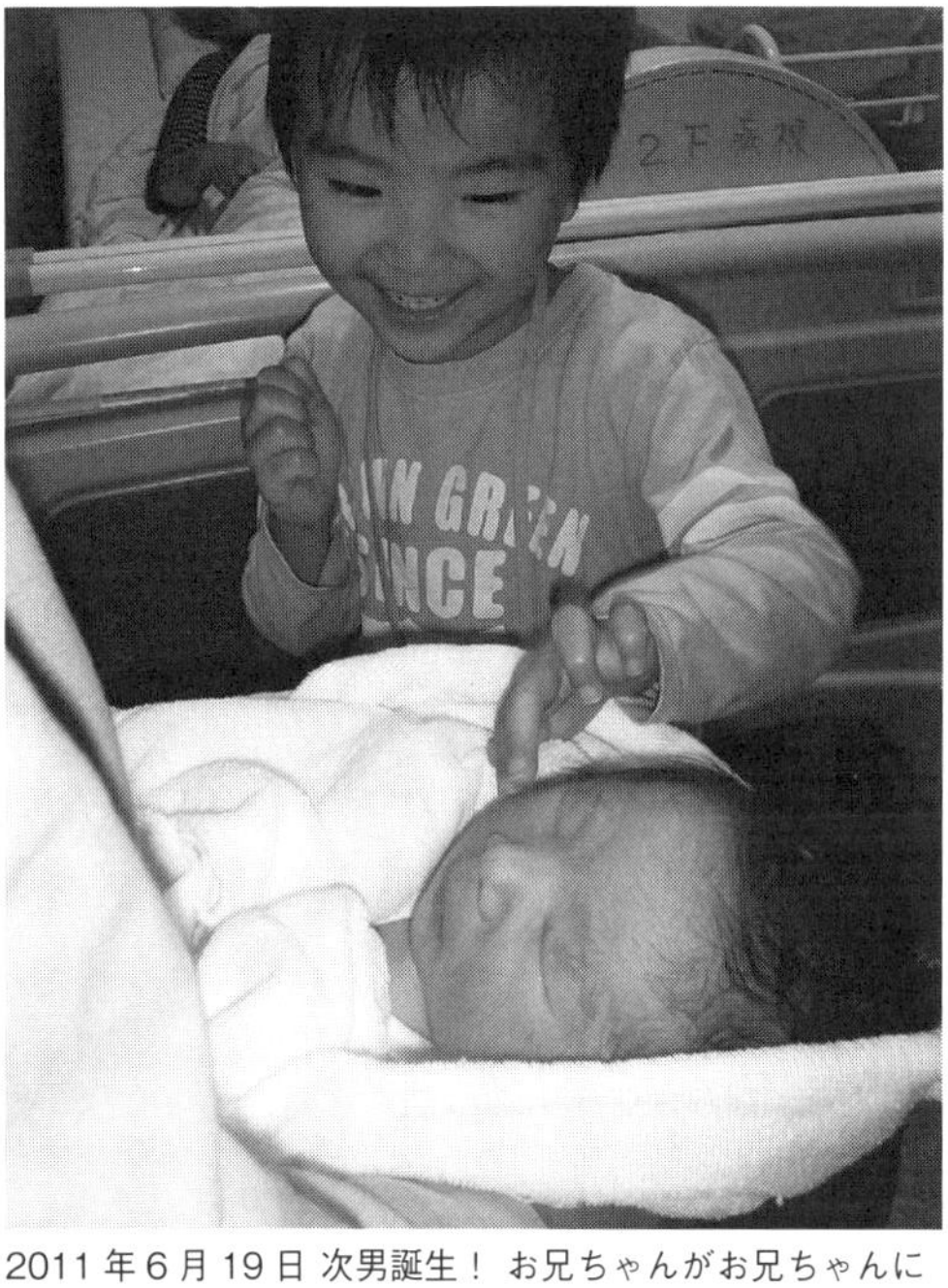

2011 年 6 月 19 日 次男誕生！ お兄ちゃんがお兄ちゃんになった日

【コラム6】 熱性けいれんに要注意！

長男が生まれてからの５年間で、２回ほど救急車を呼んだことがあります。１回目は長男が１歳４カ月のときで、熱性けいれんでした。２回目は次男が７カ月のとき、初めてクッキーを食べさせて、食物アレルギーが出たときです。

どちらも怖いんですが、熱性けいれんは、本当にびっくりしたのを覚えています。

場所はアメリカ。一時帰国していた日本から戻り、数日後のことです。長距離移動の疲れが出たのか、長男が発熱。それまでにも何度か発熱したことがあったので、そんなに焦らずに看病していました。やがて長男が眠りに落ちたので、私も隣でうとうと。そしたら急に、「ひぃっ！」という悲鳴が聞こえたんです。慌てて横を見ると、２～３秒間隔で、「ひいっ、ひいっ、ひいっ」と悲鳴を繰り返しながら、息もできずに苦しんでいる長男がいました。生の悲鳴を聞いたのは生まれて初めてだったので、相当あせりました。冗談抜きで、「このまま死んじゃうんじゃないか」という緊張感。今思い出しても、手が震えます……。

それでも何とか気を取り直し、救急車を呼びました。結局救急車が到着する前にけいれんは治まったので、呼ばなくてもよかったのかもしれませんが。あのとき何とか気を取り直すことができたのも、ある本で熱性けいれんの存在を知っていたから。だから私も、ここに記載することで、出来るだけ多くのパパママにその存在を知っておいてもらいたいと思っています。いざという時、慌てないために。

4

実は昔から子育て主夫に向いていた⁉

——学生時代〜長男誕生まで

弱小バスケ部主将、宇宙にアコガレる

話は二十年前にさかのぼる。ピチピチの高校生だった頃の話だ。当時、まさか自分が主夫をやってるだなんて、一ミリだって想像したことはなかった時代の話である。

高校一年生の秋。毛利さんが、宇宙に飛んだ。理科が好きだった私は、なんとなく宇宙に憧れた。宇宙そのものというよりは、目的地に向かって正確に飛んで行く、ロケットに興味を持った。しかし当時はバスケットに夢中だったので、ロケットは漠然としたアコガレに過ぎなかった。

高校三年生の夏。今度は、向井さんが宇宙に飛んだ。主将を務めていたバスケ部の最後の大会は、惨敗で終わっていた。部活を引退し、ちょうど進路を選択する時期だった。向井さんのスペースシャトル搭乗は、二年前に感じた、あのアコガレをよみがえらせてくれた。将来は宇宙開発に携わりたい。漠然としていたアコガレは、このころ、夢へと形を変えた。

運命の大学見学ツアー

夢がはっきりした私は、志望校を決めるため、夏休みを利用して、航空宇宙工学科のある大学を見学に行った。母親の実家の和歌山に帰省するついでがあったので、関西方面まで足を延ばした。東大、東工大、名古屋大、京大、大阪府立大を、一人で見て歩いた。全てを回ってみたところ、東大のキャンパスが、いちばんかっこよかった。東大を第一志望にしたのは、それだけの理由だ。

私は三人兄弟の末っ子である。当時上の兄二人は、私大に通っていた。三人も私大に通わせる余裕は、我が家にはないだろう。勝手にそう思って、国立しか受験しないつもりでいた。別に、浪人になったらなったでいいじゃない。一浪したって、四年間私大に行くよりは安くつくでしょ。と、呑気に構えていた。このあたり、育休を取ったときの心境によく似ている。どうやら昔から、そういう性格だったらしい。

国立しか受けないと担任の先生に告げたところ、試験慣れのために、一校ぐらい私立を受験しなさいと言われた。でも、試験慣れとは言え、万が一受かったら行きたくなってしまう。そこで、当然受かるはずもないし、行く気も全くない、慶應の医学部を受験した。そして、もちろん落ちた。

失意の受験日当日

やがて、本番の東大受験の日がやって来た。試験は二日間にわたって行なわれる。初日に、いちばん苦手な数学があった。全問題数六問に対して、試験時間が二時間半もある。でも、私にとっては、最初の一時間で十分だった。いや、一時間で全問解き終わって時間を持て余していたのではない。まったく歯が立たず、最初の一時間でギブアップしたのだ。だから、残りの一時間半は、ぼけーっとするよりほかなかった。せっせと答案用紙に数式を書き込む周りの受験生が、みんな天才に見えた。果たして自分はここでやっていけるのだろうか。いや、万が一、合格した場合の話だが。長い長い試験時間が終わって、私の回答用紙に書かれた答えは、一問と半分のみ。あとの四問半は、まったくチンプンカンプンで、完全白紙で提出した。

その日の帰り道、他の受験生の会話を耳にした私は、落ちることを確信した。「今年の数学簡単すぎたよな。あれじゃあ満点続出で、差がつかねぇよ」

国立大学の受験には、前期と後期の二回のチャンスがある。後に母親に聞いた話だが、前期試験が終わったその日から、私は急に目の色を変えて勉強を始めたという。前期は完全にあきらめ、後期試験に向けて本気で取り組み始めたのだ。完全に、受かる見込みはなかったようだ。

大逆転の合格発表

前期試験から二週間。受かる見込みは全くなく、後期試験に向けて猛勉強をしていた頃、合格発表の日がやってきた。

一緒に行くという親を退け、一人で発表を見に行った。テレビでよく見る、東大の合格発表である。アメフト部などが胴上げに駆け付けており、あたりはものすごい熱気だ。人をかき分け、合格者の掲示板を覗き込んだ。理科Ⅰ類、理科Ⅰ類――、これか。受験番号は、A42276――。そして……。

「あった！」

何故かはわからないが、自分の番号と名前が、掲示板に、しっかりと書かれていたのだ。それを見た私は、とにかく驚いた。あの数学の内容で？　みんな満点のはずなのに？　もしかしたらコンピュータミスだったのかもしれない。でも、合格は合格だ。胴上げの人たちは、どうやって合格者を判断しているのだろう。よくわからないうちに、三回も胴上げされた。

時は一九九五年。携帯電話が出始めたころで、どこかの通信会社が、「大事な人に、この場から報告を！」という無料コールサービスをやっていた。そこから、彼女に合格の報告をした。

「おめでとう」

そう言ったその彼女とは、今の妻である。

大学入学、遠距離恋愛へ

そう、妻とは、高校生からの付き合いだ。現在三十五歳なので、もう人生の半分を一緒に過ごしていることになる。

出会いは高校二年生のとき。同じクラスになったが、そのころは特に親しくもなかった。私はとにかく、バスケばかりしていた。

たまたま三年生でも同じクラスになり、いつしか付き合い始めた。やがてそれぞれ、大学に入学。私は東京で一人暮らしをはじめ、妻は、浜松の大学に入学した。

東京と浜松は、新幹線ならたったの一時間半。遠距離とは言わないかもしれないが、お金のない学生にとって、新幹線なんて夢のような話。青春十八きっぷで往復するのがやっとだった。つまり、距離的には中距離だったが、時間的には遠距離恋愛と呼んでもいいだろう。

大学は二人とも、ストレートで卒業した。卒業後、妻は東京の大学院に進学した。でも、私はカナダに飛んだ。せっかく近距離になるかと思いきや、今度は日本とカナダの遠距離恋愛になった。その後、また近距離に戻るのは、カナダから帰国して半年、私が大学院に入り直し、東京でまた一人暮らしを始めたときだ。距離が愛を育むという言葉、あながちウソでもないかもしれない。

裏ワザで航空宇宙工学科に

東大は、他の大学と違って、入学時には学科が決まっていない。理系と文系それぞれが、三つの分類に分かれているだけである。そして、一年生から二年生にかけての一般教養の成績で、進路振り分けが行なわれる。俗に言う、「進振り」である。

私が希望していた航空宇宙工学科は、同じようなアコガレを持つ学生が多かったためか、工学部の中で一番人気があった。つまり、進振りの成績が良くなければ進学できない。でも、裏ワザがあって、成績が悪かろうが、必要単位よりも多く単位を取ると、その単位数に応じて、プラスポイントが付いた。つまり、成績はCでもいいので、単位を取りまくると、ポイントが上がるシステムだ。はなから真っ向勝負は諦めていたので、とにかくたくさんの単位を稼ぎ、何とか第一希望の航空宇宙工学科に進学することができた。我ながら、よく頑張ったものだ。

でもそのころには、「東大」というブランドに少しずつ嫌気がさしていたのも事実である。

大事なことはみんな、バイトで学んだ

初めてのバイトは、高校生のときだった。クラスの仲間と、引っ越しのバイトをすることになった。何故そういう話になったかは覚えてないが、たしか男子五人ぐらいで一緒に面接に行った覚えがある。そして、皆で申し合わせて、同じ日にシフトを入れた。同じ日に出勤しても、行き先は皆バラバラになる。そこで、バイト終了後の待ち合わせ場所を決めた。バイトが終わったらそこに集合して、ボーリングをしたりカラオケをしたりして、その日の稼ぎを全部使い切った。心地よい疲労感と、いさぎよい浪費感が、とても楽しかったのを覚えている。何せ、自分で稼いだ金を、その日のうちに使い果たすんだから、こんなに気持ちがいいことはなかった。そのバイトは、五回ぐらいで終わった。

大学生になってから最初にやったのは、コンサートスタッフのバイトだ。コンサートやイベント会場の設営・片付けと人員整理。日給は安かったが、好きなアーティストやイベントを選んでシフトを入れられるのがよかった。これも単発バイトで、二十回ぐらいはやったと

思う。

次にやったのは塾講師。といっても大勢の生徒の前で教えるのではなく、個別指導塾だったので、一対一指導だった。一応ある程度続けたが、そんなに好きにはなれなかった。

大学二年で進学先の学科が決定してからは、とにかくバイト三昧の生活になった。お弁当屋のデリバリー、遊園地のパレードの運転手、洋服屋、ハンバーガー屋、カレー屋と、たくさんのバイトを、常に二個は掛け持ちしながら続けた。三年生になったころに、ワーキングホリデーという制度の存在を知り、卒業したら必ず行くと決めていたので、お金を貯める必要があったのだ。

そんなにバイトばかりしていた理由は、お金だけではなかった。とにかく、楽しかったのだ。何が楽しいって、いろんな人に出会える。普通に大学に行って、授業を受けて、サークルをやって。それだけの生活だと、会える人たちのパターンが限られてくる。皆、似たような境遇の人ばかりなのだ。ところが、バイトをすると、普通に生活していては絶対に出会うことのなかった人たちに、たくさん出会えた。それまで社会のことなど全く知らなかった世間知らずの私は、そんな出会いを通して、社会というものが何たるかを知ることができた。

普通に大学に行って、卒業して、サラリーマンになるだけが人生ではない。そんなことはもちろん知っていたが、それを身をもって体験できたのは、たくさんのアルバイトをしたからに他ならない。

子どもができて育休を取ったときも、別居生活の末に会社を辞めたときも、このころの経験が根底にあることは間違いない。そういう意味でも、大切なことはみんな、バイトで学んだと言える。

カナダ大使館からの手紙

そして、大学四年の春、ワーキングホリデーのビザを申請した。当時ワーホリの制度があったのは、オーストラリア、ニュージーランド、カナダの三カ国。どこでもよかったが、英語のなまりが少なそうなのと、始めたばかりのスノボをたくさんできそうという理由で、カナダを選んだ。抽選なので、当たるかどうかはわからない。サイコロに人生を委ねるようなつもりで、とりあえず申し込むことにした。そういう行き当たりばったりの生き方が、なんとも言えず好きだった。

工学部の学生は、たいてい就職せずに、大学院に進学する。大学院の受験は、夏休み中に行なわれる。ワーホリの抽選結果が来る前に、大学院入試の願書を出す時期がきてしまった。抽選に当たったら、進学も就職もせずに、カナダに渡る。そう決めていたので、願書を出すのをためらった。でも、ワーホリは落ちる可能性もあるので、とりあえず願書だけは出した。

それからしばらくして、ワーホリのビザの当選通知が届く。これでカナダに行くことが決まった。願書は出したが、大学院に行くつもりはないので、受験はやめよう。そう心に決めて、親に切り出した。そのときの両親は、悲しそうだったのを覚えている。今思えば、それはそうだろう。何の間違いか、息子が東大に受かって歓喜したのは四年前。それがいまや、就職も進学もせずに、プー太郎として海外に行こうと言うのだ。親としては、がっかりするのは無理もない。

ゼミの先生にも報告した。ワーホリのビザが当たったので、進学せずに、海外で挑戦してみたい。返事はひとこと、こう言われた。「キャリアに穴が開くのはよくないぞ」と。もし行くとしても、大学院に進学してから、休学して行ったほうがいいのではないかと。言っていることはよくわかる。でも、たぶん大丈夫だろう。私には、そんな根拠のない自信があった。帰国後、大学院に行きたければ、また受験すればいいだけの話ではないか。

そうまでして海外に行きたかったのはなぜか。それは、日本にいるとどこに行っても付きまとう「東大」というブランドと無縁のところで勝負してみたかったからだ。それに、ゼミの先生の言葉も、逆に私を駆り立てた。「キャリアに穴をあけたって、自分は自分。それからの人生だって、きっとうまくやってみせる。このワーホリは、学歴社会へのアンチテーゼだ」と、一体何のためかわからないが、そんな闘志のような気持ちを胸に抱いていた。今思えば、そんなことを思うこと自体、学歴社会に振り回されている証拠なのだが。まあ、二十一歳の考えることなど、そんなものだろう。

その冬は、とにかく忙しかった。卒業設計と卒業研究を手掛けながら、バイトも三つ掛け持ちしていた。でも、ここで卒業しておかなければ、カナダには行けない。睡眠時間は短かったが、目標があったので、やっていけた。そして、卒業設計も卒業研究も何とか完了し、卒論審査も無事終了。三月には卒業証書を手にすることができた。「東大生」という身分に、別れを告げるときが来たのだ。

こうして、「穴」だらけの私のキャリアがスタートした。

カナダで一年、プー太郎

大学を卒業してからも数カ月バイトを続け、ようやくお金を貯めて、カナダへと飛んだ。二年前から行くと決めていた、ワーキングホリデーに出発である。

表向きの理由は、英語の習得。でも実際は、「東大から逃げたかった」というのが本当の理由。学生時代、何をするにも「東大」が付きまとった。バイトの面接に行けば、「どうして東大生がうちなんかで？」と言われる。他にも、こんなエピソードもある。

新しくバイトを始めたカレー屋に、友だちが遊びに来てくれた。友達がカレーを食べ終え、帰った直後に、社員の人がこう言った。「堀込君らしくない友だちだったね」と。え、らしくないって？　そのバイトはまだ始めたばかりだったので、その社員の人とは、数回しか会ったことがない。私が不思議そうな顔をしていると、「いや、東大生の友達って、もっとマジメそうな人ばかりかと思ったから」と言われた。くだらない。東大生というだけで、交友関係まで決めつけられてしまうなんて。

――そういう体験が山ほどあって、「東大」にはうんざりしていたのだ。海外に行けば、そこから逃げられる。東大とは無縁の場所で、自分の力を試してみたい。

アメリカ一周バスの旅

最初の三カ月は、エドモントンという街で、英語学校に通った。現地で出会った友達と、アパートをシェアした。楽しい毎日だった。英語力もぐんぐん伸びた。

三カ月で英語学校をやめ、一カ月の旅に出た。飛行機で東海岸に飛び、そこからアメリカをぐるっとバスで一周する旅だ。当時二十二歳。一人旅をするのは、それが初めてのことだった。

地図を広げて、行き先を決める。誰にも気兼ねすることなんかない。とにかく直観を信じて、行き先を決める。そして、バス・ディーポに行って、バスに乗り込む。たったそれだけのことなのだが、なんだかものすごく壮大な旅をしている気分だった。宿泊費をケチるために、三泊に一回は、夜行バスに乗り込んだ。バスの運賃だけで、一泊分の宿代が浮くのだ。

カナダの東端ノバスコシア州の灯台。この近くからフェリーで米国入りした

バスはアメリパスという周遊券で１カ月乗り放題。3日に１回はホテル代わりとなった

貧乏旅には、とてもありがたかった。バスの座席で何時間も寝ることは、何の苦にもならなかった。

そして、東海岸から始まった旅は、南部を経由して、西海岸で終わる。一カ月の旅を経てカナダに帰り着いたときには、ほとんど一文無しになっていた。行きついた先はバンクーバー。ここで、お金を稼ぐしかない。

執念のバイト探し

バンクーバーでは、ユースホステルのようなドミトリーに泊まりながら、バイトを探した。来る日も来る日も、履歴書を持って、いろんな店を回った。でも、たいてい相手にしてくれなかった。日本人ワーホリのバイト先は、日本食レストランか日本人相手のお土産屋と相場が決まっていた。でも、それだけは避けたい。最低でも、英語を話す仕事がしたかったのだ。

そうやって二週間、バンクーバーの街を歩き回った。季節は十一月。ちょうど雨季に入っ

アリゾナ州の夕暮れ。サボテンと夕焼けのコントラストが荒野を感じさせる

サンフランシスコ。まさかこの10年後、近くに暮らすことになるとは

ち込んでいた。

たばかりで、毎日のように雨が降っていた。仕事は見つからないし雨は降るしで、気分も落ち込んでいた。

　そんなある日、新聞に求人広告を載せていたカフェに行ってみることにした。到着すると、韓国人のばあちゃんがお店番をしていた。聞くと、カナダ人とのハーフの息子が、この店の店長らしい。でも、昨日からその息子が急な病気で入院してしまった。現在ウェイターを募集しているのは確かなんだが、私には決める権限がないと言う。他のところはむげに断られていたのに対し、ここはなんとなく、脈があるような気がした。そこで、次の日もお店に足を運び、「息子さんは退院しましたか？　もし会う機会があったら、よろしくお伝えください」と伝えた。「わざわざありがとう」というばあちゃんの反応を見ると、やはり嫌われているわけではなさそうだ。そこで、その次の日も、顔を見せることにした。

　そして三日目、ついにばあちゃんの心が動いた。「そんなにやる気があるのなら、明日から来なさい。息子が退院して戻ってきたら、私が話してあげるから」そう言ってくれたのだ。

　こうして私は偶然にも、英語を話せる仕事に就くことができた。外は相変わらずの雨だったが、心の中に、青い空が広がっていくのを感じた。

Jazzの故郷、ニューオーリンズ

コロラド州にて。バスは数時間に一度、ガソリンスタンドで休憩をとる

平日はカフェ、週末はスノボ

ウェイターとして働くことになったカフェは、The Green Room Caféという名前だった。バンクーバーのビジネス街にある、ちょっとおしゃれな店だ。カフェとはいえ、それなりの料理を出す店だった。そして何よりも気に入ったのが、フレッシュジュースだ。コーヒーや紅茶などの飲み物のほかに、フレッシュなフルーツ&ベジタブルジュースがメニューにあった。そして、ジュースを作るのは、ウェイターの仕事だった。

出勤は朝七時半。朝一の仕事は、ジュース用の野菜と果物の下ごしらえだ。毎朝、山ほどのニンジンを洗った。それから、オレンジの皮をむいたり、イチゴのヘタを取ったり。

やがてオープンの時間になると、朝食のお客さんがチラホラと見え出す。毎朝同じ時間にやって来る老人男性がいた。毎日同じメニューを頼み、新聞を読みながら、黙々と食べる。そして、食べ終えると、テーブルに代金を置いて帰って行く。最初はそんな感じだったが、やがて私のことを気に入ってくれて、毎朝少し、会話をするようになった。聞くと、大学教授を引退して、今はこうして悠々自適に暮らしているのだという。君は毎日がんばって働いてエライね。将来はスノーボードの選手になるのかい？　そんな会話を、毎朝楽しんだ。朝食の時間帯は、そんな風に平和に過ぎていった。

入院から戻ってきた店長は、太っ腹な人だった。時間が空いたら、好きなフレッシュジュースを作って飲んでいいよ。そう言ってくれたのだ。だから、ビタミンには事欠かなかった。寒いカナダの冬を、風邪もひかずに過ごせたのは、毎日飲んでいたフレッシュジュースのおかげだ。私はいつしか、こういう店を持ちたいな、という漠然としたアコガレを持つようになった。そのアコガレは、今でも変わらない。

平和な朝食タイムとは打って変わって、ランチタイムは大変だった。短い昼休みの間に食事をしなければならないので、みんな気がたっている。そこらへんは、日本もカナダも変わらないようだ。ただ、日本と大違いなのが、誰もがメニュー通りに食べないで、個別に注文を付けることだ。これがひたすら、ややこしかった。「私は、この○○をお願い。これ、タマネギ入ってる？　あらそう。じゃあタマネギ抜きにしてくれる？」「じゃあ私は、この××を。サラダのドレッシングは、かけないでサイドに置いてちょうだい」といった具合だ。実に、半分以上の人が特別注文を付ける。ウェイターは、その一つ一つを、事細かにキッチンに伝えに行かなければならない。

毎日パニック状態だったが、あれでけっこう英語力が鍛えられたような気がする。いや、英語力は変わらなかったかもしれないが、少なくとも、笑顔力は格段に向上した。これは、本当にいい経験だったと思う。

どんな特別注文を言われようが、「はい、よろこんで」と、日本語でもいいから、笑顔で答える。それが何よりも大事だということに、だんだん気が付いたのだ。それは決して、営業スマイルなんかではない。心の底からあふれ出る、自然な微笑みだ。そういう心遣いが、チップの額に如実に表われる。自然に笑えるようになるたびに、チップが増えていった。そして、もっといいサービスをしようと思えるようになる。その原動力は、お金ではなく、評価をされる喜びだと思う。チップという制度、日本人にはなじみが薄いが、あながち悪い制度でもないと思った。

勤務時間は、ランチタイム終了までだった。二時でいったんお店が閉まるので、その日のチップを数える。そして、皆に分配する。時給は約五〇〇円で、勤務時間は一日六時間半。給料だけでは三千円程度にしかならない。でも、それにチップが加わる。そのお店ではキッチンの皆とも分配する方式を取っていたので、自分の分け前はだいたい一日二〇〇〇円から三〇〇〇円程度だった。給料とチップを合わせると、一日の稼ぎは約五千円。あまり多くはないが、最初にたどり着いたドミトリーにそのまま住んでいたので、家賃は月一万五〇〇

○円程度。朝食と昼食はお店のまかないだったし、夕食は百パーセント自炊だった。だから、それなりに、お金も貯まった。

たまったお金で、スノーボードを買った。ちょうど、冬のボードシーズンが始まるタイミングだったので、毎週末スノボに出かけた。1・5ドルの市バスで行ける近場に、小さいながらもなかなかいいスキー場があったのだ。オリンピックが行なわれたウィスラーにも、何度か足を延ばした。平日はカフェで働き、週末はスノボ三昧。文句なしに、楽しい生活だった。

ウェイターをしていたCafe。ここで5カ月間働いた

ウィスラー。最高の雪質と景色を堪能した

ドミトリーは多様性の宝庫

一文無しで辿り着いたドミトリー。当初は、仕事を見つけたら、アパートを見つけて移るつもりだった。でも結局、バンクーバーを出るまでの約半年、ずっと住み続けることになる。なぜかというと、そこでの生活が、辞められないほどに楽しかったのだ。

私のように長期で滞在している人もいれば、一泊だけで帰って行く人もいる。世界各国からいろんな人が来ては帰り、メンバーがどんどん入れ替わる。人との出会いが好きな私にとって、これ以上の楽しい生活はなかった。この間に、本当にいろんな人に出会った。まさに、日本にいて普通に生活していたら、絶対に出会わなかった人たちである。

例えば、こんな感じだ。ある日、仕事から帰ると、共同のキッチンで、うずくまっている白人の男がいた。見たことはないので、今日から泊まりに来た人だろう。あまりに動かないので、長期滞在組の一人が、声をかけた。どうやらその男、眠っていたらしい。目をこすりながら、「ここはどこだ?」と言う。「○○ホステル」と答えると、「それはどこだ?」と男。

「バンクーバーだけど」「バンクーバー？　ここはどこだ？」「いや、カナダのバンクーバーだけど」「なに、カナダ？　ここはオーストラリアじゃないのか？」「……う、うん」「俺はオーストラリアにいるはずなんだが、なぜカナダにいるんだ？」「……うーん、それはわからない」「そうだ、クリスは？　クリスはどこだ？」「……（一同唖然）」といった感じである。ここに来なければ、絶対に出会うことはないだろう。

これは極端な例だが、本当に、いろんな人が来ては帰って行った。パキスタン人が本格的なカレーとナンを作ってくれたり、中国人が餃子を作ってくれたり。そういう交流も楽しかった。

こうして、完全に東大などどうでもいい世界に身を置き、いくつもの出会いと別れを繰り返すうちに、身も心も研ぎ澄まされていく自分を感じていた。

住んでいたドミトリー。バンクーバーの中でも治安の悪いエリアにあった

メキシコ・キューバ・ジャマイカで旅の醍醐味を知る

カナダ滞在の最後の一カ月は、一年のワーホリ生活の〆として、中米を旅した。メキシコ、キューバ、ジャマイカ。前述の北米一周が初の一人旅だったので、これが人生二度目の一人旅だ。バンクーバー――メキシコシティの往復航空券だけ取って、あとは行き当たりばったりの旅だった。

途中のジャマイカで、日本から来る友だちと会うことになっていた。そこで、まずはカリブ海を目指すことにした。移動手段はバスだ。カンクンまで、たっぷり二週間をかけて移動した。途中いくつもの町に立ち寄りながら、マヤやアステカの遺跡を巡った。スペイン語はそんなに話せなかったし、英語もあまり通じなかった。でも、笑顔だけは通じた。人間、笑顔があればどこでもやっていけるものだ。どうやら、バンクーバーのカフェで鍛えた笑顔は、世界共通言語だったらしい。英語よりも、ずっと役に立つ。

どんな小さな街にも、スペインの影響を受けた美しい教会があった。でも、花より団子の私は、何よりもタコスを愛した。どこの街でも、屋台で食べるタコスが、とにかくうまかったのだ。しかも安い。お腹を壊すこともしょっちゅうだったが、一人旅だと、誰にも迷惑をかけないので気が楽だった。

旅は一期一会。毎日のように、出会いと別れがあった。宿で知り合ったスウェーデン人と飲みに行ったり、偶然出会った日本人同士で夢を語り合ったり。ひょんなことから、現地の人の家にお邪魔したこともあった。Ricky Martin 大ファンの若者で、当時流行っていた Viva la Vida Loca を一緒に歌わされた、いや踊らされたのを覚えている。

メキシコの遺跡テオティワカン。時が経つのも忘れてこの地にあった文明に思いをはせた

カンクンにて。一人旅をしていると自分の持ち物を撮影したくなる

旅とは出会いであるというが、本当にそうだと思う。偶然出会った人と、予想もしなかった時間を過ごす。そんな旅の醍醐味を知ってしまったのは、間違いなくこのときだ。そうやって、毎日が過ぎて行った。

カンクンから、キューバに飛んだ。キューバでは、カリビアンの陽気なリズムに身をゆだねた。キューバで面白かったのは、バスの乗り方のルール。行列を作るのがキライな国民性らしく、バス停に着いたらまず「Quien es el ultimo?（一番最後は誰ですか?）」と大声で聞く。最後の人が「Yo.（私です）」と答える。その人の顔を覚えておく。そして、次にやってきた人がまた「Quien es el ultimo?」と言ったら、次は自分が「Yo」と答える番だ。そうやって、列は作らずに、順番だけは決めておく。なぜそんなことをするのかはわからない。きっと、暑いから立って並ぶ気がおきないとか、そんな理由だろう。そしてバスがやって来る。さっきの人を見つけ、その次に乗り込む——はずである。でも、誰も順番なんて守りゃしない。いったい何のための「Quien es el ultimo?」なのか。思わず苦笑いしてしまった。こういう文化の違いって、本当に面白い。

そして、キューバからジャマイカへ。ジャマイカでは、無事に友だちと合流できた。一週間滞在し、友だちは日本へ。私は再び、メキシコへ。最後の一週間をメキシコで過ごし、バンクーバーに戻った。

キューバの首都、ハバナにて。子どもたちの笑顔が印象的だった

ジャマイカの首都、キングストンのトレンチタウンにて。レゲエを巡る旅だった

濃密な一年を終えて

カナダでの一年間は、本当に充実した、中身の濃い日々だった。目的だった東大から逃れることもできたし、そんなことがどうでもいいと思えるぐらい、心の底から楽しむことができた。英語の習得はまあいいとして、自分はどうやっても自分であることを認識できたのが、大きな収穫だったと思う。

もう、戻ってもいいかなと思った。学歴なんて表面的なことよりも、もっと大切なことに目を向けて生きよう。そう思えるようになっていたのだ。

そして帰国。実家で家事手伝いをしながら勉強して、大学院を受験。四年生のころにいた研究室に、出戻りで入れてもらうことができた。こうして私は、一年半の寄り道の末、東大に復帰したのである。

大学院へ、「大学不問」で就職先決定

大学院に入っても、バイトが楽しかった。とにかく、いろんな人と出会うことが、やめられなかったのだ。結婚式場の配膳のバイトもしたし、スキーバスの受付もした。いろんな世界を見られるのが、何よりも楽しかった。

やがて、就職を考えなければならない時期が来る。当時の私は、高校生のころ夢に描いた宇宙ではなく、自動車に興味が移っていた。モノづくりをやりたい気持ちは変わらない。でも、飛行機や宇宙船は、誰もが持てるものではない。私は、もっと誰もが使うようなものを作りたい。そして、いろんな人に私が作ったものを使ってもらいたい。そう思うようになっていたからだ。

そして、数ある自動車会社から、その後就職することになる会社を選択した。何が気に入ったって、「大学不問」だったのである。「公平な選考をするために、履歴書には、大学名を書かないでください」という記述を見た時に、これだと思った。とにかく、大学名なんかで

判断されたら困る。もっと自分のことを見てほしい。ワーホリ生活を経ても相変わらずそんなことを思っていたので、この会社ならやっていけそうな気がした。そして無事、就職試験に合格し、第一志望だったその会社に入ることができた。

卒業は九月、就職は四月

大学院には十月に入学していたので、修士課程修了は二年後の九月だった。一方、就職は四月から。また半年の寄り道期間ができたことになる。

願ってもないことと、旅に行きまくった。ジャマイカに行った友だちと二人で石垣島に二週間。一人でタイ・ラオス・ミャンマー－メコン川の旅に一カ月。父親と二人で、タイ・ベトナムの旅に二週間。両親と三人で、アメリカドライブの旅に三週間。

きっとこの半年も、ゼミの先生に言わせれば「キャリアの穴」に当たるのかもしれない。でも、私の人生においては、穴どころか、むしろなくてはならない、大切な期間である。当時二十五歳。いい年して、両親と三人で三週間の旅に出るなんて、なかなかできないことだろう。それを「穴」と呼ぶのなら、私は進んで穴を選ぶ人間でありたい。

メコン川に沈む夕日を眺める。こちらがラオス、対岸はタイ

メコン川を行くスローボート。ラオスのルアンパバーンから中国の国境付近まで約14時間。途中の町で1泊しながら移動した

就職、新人研修は出会いの場

そんな楽しい寄り道期間もあっという間に終わり、二〇〇三年四月に就職した。二十六歳、遅咲きの社会人デビューである。最初の新人研修は、とにかく楽しかった。特に、部門に分かれる前の、全社研修。自動車会社には、技術系の人ばかりではなく、本当に多種多様な人が集まっている。ただ、配属されてしまうと、技術系の人としか会わなくなる。そういう意味で、全社研修は、いろいろな人に出会える、数少ないチャンスの場なのである。たった二週間の研修だったが、そこで出会った仲間とは、会社を辞めた今でもつながっている。それぐらい、中身の濃い二週間だった。

配属、違和感、結婚

その後、二カ月の部門研修を経て、実際の部署に配属となった。希望通り、エンジンの排気ガスをクリーンにする部署だった。新人とはいえ、二十六歳。それほど物怖じすることなく、仕事に向き合うことができた。

仕事の内容は、実験の毎日だった。実験計画を立て、実験部署に実験を依頼する。そして、出てきた結果を見て、次の対策を考える。新しい部品を試作し、部品交換をして、また実験する。そんな毎日の繰り返し。それ自体は、とても楽しかった。実験結果を見て、エンジン内部で起こっていることを想像する。排気ガスの原因を突き止め、対策を施す。そして、思った通りの結果が出た時には、実験部署の人たちと手を取り合って喜んだものだ。

しかし、仕事というものは、それだけではない。末端での努力とは無縁のところ、すなわち、大人の事情で、プロジェクトが動くのだ。せっかくあんなに努力して、いい実験結果を叩き出したというのに、「このプロジェクトは凍結」と上が言えば、それで終わりなのだ。入社して数年で、そんなことが何回もあった。日々の努力が、むなしく感じられた。いつしか、「どうせこれもポシャるんでしょ」というのが口癖になっていた。自分が携わった車を世に送り出したい。そんな一心で日々努力しているのに、全然世に出る気配がないのだ。そんな状態で、入社当時のモチベーションを維持するのは難しかった。

高校当時から付き合っていた妻と結婚したのは、まさにそういう時期である。入社三年目の春のことだった。やがて、妻のお腹に、命が宿る。それが、長男だ。それから先は、前述の通りである。上司に育休を申請し、数度の話し合いの末、長期育休に突入。渡米、単身帰国、復職、退職、再渡米、帰国、次男誕生を経て、現在に至る。

5　子育ては人生観を変える

もっと自由に生きていいはず！

これが、私のこれまでの人生だ。振り返ってみると、実に芯のない、ブレまくりの人生のようにも見える。先日も、数年ぶりに会った大学の先輩に、会社を辞めて兼業主夫をしていると言ったら、「相変わらず、何となく生きてるな」と、きつい一言をいただいた。きっとその先輩には、ただその場その場で流されて生きている、ちゃらんぽらんな人間に見えたのだろう。そして恐らく、多くの人から見ても、そんな人生なのかもしれない。

でも、自分から言わせれば、一つだけ芯が通っていることがある。それは、常に自分の価値観に従って生きているということ。世の中のツマラナイ常識や先入観、そして人の目に流されるのは、まっぴらごめんなのだ。だから、「何となく生きている」と思われるのも、まったく何とも思わない。だって、自分は自分の判断で生きているのだから。そして、この上なく、幸せなのだから。

ニュートラルで臨機応変。それこそが私の人生のテーマである。こだわりや先入観をすべて捨てて、ニュートラルな状態に自分を置く。そうすれば、本当に大切なものが見えてくる。それさえできれば、あとは直観に従って生きるだけだ。

そういう意味で、人生は旅に似ている。地図を広げて、行き先を決める。そして、バスに乗り込む。現地で知り合った人と、予想もしなかった時間を過ごす。その会話からヒントを得て、次の行き先を決める。決められた道など、どこにも存在しない。ただ、その時その時の自分の価値観に従って行動する。その積み重ねが、自分だけの旅を形作っていく。旅とはすなわち、人生である。

要するに、自分の気持ちに正直に生きればいい。それだけのことだと私は思う。人生は、とても自由なのだから。その結果、人と違う人生を送ることになっても、自分が幸せかどうかは、自分が決めること。自分なりの価値観さえ持っておけば、人から何と言われようと、知ったことではない。

モノゴトの本質を見抜ける人間に

前にも書いたが、こだわりや先入観を捨て、ニュートラルな気持ちでいれば、物事の本質が見えてくる。私の数少ない人生経験から、子どもたちに教えたいことはそれだけだ。どんな人生を送ってもいい。好きなように生きたらいい。でも、世の中のツマラナイ常識にとらわれるような大人には、なってほしくない。

そんな思いから、続けていることがある。それは、日々の何気ない日常に、スペシャルを見つけること。そうすれば、シンプルな中から、本当に大切なことを見出す感性が生まれる。そう思っている。

スペシャルなものは、どんなにささいなことでもいい。例えば、昨日つぼみだった道端の花が今日は咲いていたとか、たまたまデジタル時計を見たら、十二時三十四分だったとか。

毎晩、ベッドに入って電気を消した後、今日あったスペシャルなことを報告し合うのが我が家のルールだ。子どもから聞くだけではなく、私のほうからも報告する。そして、お互いにハッピーな気持ちになって、眠りにつく。翌朝目が覚めた時にも、そのハッピーな感覚が残っている。そして気持ちよく、新しい一日をスタートできるのだ。

何が人生において大切で、何がそうでないのか。周りに流されず、自分の価値観でそれを判断できる人間になってほしい。

思いは、伝わる

長男が誕生してから五年。次男の誕生を経て、何よりも実感したことがある。それは、「思いは伝わる」ということ。

この本の前半で、私が長男を置いて日本に帰るシーンを読んだ時、どんな感想を抱いただろうか。恐らく、ひたすら同情してくれた人と、「そりゃ子どもも悲しむわ」と思った人と、二通りに分かれるのではないだろうか。そして、前者は恐らく、一人目の育児真っ最中の人。後者は、二人目以降を育てている人ではないかと思う。

そう、このことは、二人目を育てていて、初めて実感したことなのだ。空港での別れにせよ、初めてアメリカの保育園に入れた時にせよ、私の心の中に「何をやってるんだろう」という気の迷いが存在していた。そして、そのような感情は、必ず子どもに伝わる。親が迷っていると、子どももつられて悲しい気持ちになってしまうのだ。

そう、何を隠そう、あのとき息子を悲しい気持ちにさせていたのは、他でもない、私だったのだ。きっとあのとき、「これが家族にとってベストな選択なんだ！」と心から思い、息子にもそう伝えていれば、息子もそれほど悲しむことはなかったはずだ。

逆に、オリジナルマップを作って東京散歩を始めたころ、息子の笑顔が増えたのは、私の楽しそうなキモチが息子に伝わったからに他ならない。

とはいえこんなこと、二人目を育てている今だからこそ言えることだ。一人目のときには、誰だって手さぐりで子育てをしている。だから、そんな考えに至れないのは当然のことなのだ。だから、私のあの時の判断は、決して間違ってなかったと思うし、後悔などはまったくない。

ただ、もっと違う考え方もできただろうな、と、今では客観的にそう思うのである。だからこそ、人生って面白いのだけれど。

パパ友とのつながり

次男が生まれたのは、二〇一一年の六月。長男のときと同様、妻は二カ月の産後休暇後すぐに、職場復帰した。二人の育児は、私の仕事だ。さっそく、第二期おっぱい救助隊を結成した。そして今回も、散歩に行きまくる予定だった。

でも、長男の時とは違うのが、今回は在宅ワークをしていること。そして、当たり前なのだが、子どもが二人いること。思い切って一年休んでしまおうと思ったが、それでは収入がゼロになってしまう。会社員だったら、育児休業給付金がもらえるのに。

在宅ワークをしながらの二人の子育ては、正直きつかった。おっぱい救助隊だけは続けたが、あんなに好きだった散歩には、ほとんど行けなかった。九カ月で次男を保育園に入れるまでは、そんな大変な日々が続いた。

でも、大変だっただけではなく、いいこともいっぱいあった。一番大きいのが、パパ友とのつながりである。

イクメンブームのおかげで、四年前の長男の時とは、大きく状況が変わっていた。まず、平日昼間に赤ちゃんを抱っこして歩いていても、長男の時に感じていた「好奇の目」が、ほとんどないのである。児童館に行けば、いちいち説明しなくても、「イクメンなんですね」と言われて、話が通じる。このイクメンという言葉、最初は非常に違和感を覚えたが、次第に慣れた。今でも、自分からイクメンと名乗ることはないのだけれど。

そのイクメンブームのおかげで、パパ同士でつながろうというムーブメントができていた。次男が生まれてすぐの頃、たまたまインターネットで、パパスイッチ座談会というものを見つけ、興味本位で参加した。そこで、一年の育休中というパパに出会う。せっかくの機会だからと、毎日ブログをつけていると言う。四年前の自分が諦めた「発信」を、続けているのだ。

このパパに刺激を受け、私もブログを再開することにした。Facebookも始めた。せっかくこんな貴重な体験をしているのだから、「発信」しなければ。四年前の気持ちがよみがえってきた。そして、何とか隙間時間を見つけては発信を続けた。

不思議なもので、発信を続けていると、同じ感覚を持つ人たちが自然と集まってくる。そうやって、パパ友の輪がどんどん広がっていった。

多くの育休中のパパたちとつながり、育休パパサミットと題した交流会も行なった。平日の昼間にどこかに集結して、子どもたちを遊ばせながら話をする。それだけのことなのだが、情報交換という意味でも、発信という意味でも大事なことだと思った。

　そう、皆で集まって、街に出没するだけでも、十分に意味がある。そして、「あ、こんな人たちもいるんだ」と、世間の人たちに思ってもらうだけでも十分。それをきっかけに、もっともっと子育てにかかわるパパが増え、いつかはパパの子育てが、「あたりまえ」の世の中になるといい。そう切に願っている。

我が家流？　育児のゴクイ〜キーワードは「信頼関係」

私はあまり、育児書というものを読んだことがない。興味はあるのだが、どうしても時間が取れず、先延ばしになってしまう。これまでに読んだ本は、たったの二冊。でも、その共通点を見出すことで、育児のゴクイのようなものが見えてくるのではないか。そんな考えで書いたブログ記事を引用する。

（ブログより引用）

育児の極意。

そんなものを語れるほど、育児を知っているわけではありません。

でも、先人たちの知恵にあやかり、これまでに読んだ数少ない育児本の共通点を見出すことができれば、そこに辿り着けるような気がしています。

そこで、今までに読んだ本を取り上げ、簡単にレビューしてみたいと思います。

【1冊目】
『0～4歳 わが子の発達に合わせた1日30分間「語りかけ」育児』（サリー・ウォード著）

一言で言うと、「4歳になるまで毎日最低30分、1対1で語りかけましょう。そうすることで、子どもとの信頼関係が築け、子どもがイキイキと話すようになる」という内容。

語りかける際の注意点
テレビもBGMも雑音もない、なるべく静かな場所がいい。
兄弟がいる場合、個別に30分ずつ語りかける時間を取れるようにすること。
1対1が理想なので、両親共に時間が取れる場合、それぞれ別々に30分ずつ語りかけること。

【我が家での実践】
長男が7カ月の頃、この本を読みました。
偶然にも、我が家はテレビも見なければ音楽もほとんどかけていなかったので、生まれてすぐからこの環境を実現できていたことになります。

その後は、この30分を意識するようになり、私が日本に単身赴任していた4カ月間を除き、4歳になるまでこれを続けました。

下の子もいなかったし、私がずっとそばにいたので、続けることは簡単でした。


その結果が今の長男です。

親の私がいうのもなんですが、非常にピュアで素直な子に育っていると思います（4歳なんて皆そうなのかもしれないけど）。

その分、自己主張も強いですけどね。


また、父親に対する独占欲が強く、次男が生まれてからしばらくの間、非常に苦労しました（私が次男を抱っこしようとすると、本気で邪魔をしにくる）。

妻が復職し、私が2人とも面倒を見るようになった今は、さすがに少しだけ落ち着いてきましたが、まだまだ予断を許さぬ状況です。


これらが、この本のおかげかどうかはわかりません。

ただ、「毎日1対1で向き合おう」というコンセプトが、間違っているはずもないので、実践して損はないと思います。


現在、2人目に対しても、実践しようと努力しています。

長男がずっと家にいる週末は難しいですけどね。

ただ、絶対続けなければいけないという話ではないと思うので、無理のない範囲で続けていければと思います。


【2冊目】

『子育てがずっとラクになる本　泣きたいときは泣かせてOK!』(パティ・ウィフラー著)

内容をまとめると、

「親を困らせるぐずりやかんしゃく。周りの目を気にして、必死で止めようとしてませんか?

でも、子どもが泣くのには理由があるはず。そばにいて、泣きたいだけ泣かせてやりましょう。心ゆくまで泣いた子どもは、ツラいときにそばにいてくれたあなたのことが大好きになり、そっと、理由を打ち明けてくれますよ」

って感じの本です。

つまり、つらいとき、悲しいとき、それを無理になだめる必要はなく、悲しみがおさまるまでそっとそばにいてやることで、信頼関係が生まれるということ。

結果として、泣いていた理由を知ることができるため、場合によっては対策を施すことができ、育児がずっと楽になるという流れ。

他にも細かいことはいろいろ書いてますが、そんな感じです。

【我が家での実践】

この本を読んだのは、長男が2歳9カ月のころ。

ちょうどイヤイヤ期真っただ中でした。

特に困っていたのが保育園に行かせること。

当時アメリカにいて、現地の保育園に入園してから半年以上経っていたのに、まだ行きたくないと毎朝泣いていたのです。

正直、半年も経って馴染んでくれない息子に、苛立ちを感じていました。

そんなころに、この本を友だちに勧められたのです。

まさに、グッドタイミングでした。


それまでは、行きたくないと泣いていても、「ほら、行くよ」と強引に連れて行き、先生にほぼ無理やり託して立ち去っていた私。

その日からは、保育園に着いても車からなかなか降りようとしない息子を、好きなだけ車の中でぐずらせてやることにしました。


すると、あら不思議。

行きたくない理由を、ポツリポツリと言い出すようになったのです。

たいてい、○○ちゃんがおもちゃ取るとか、英語がキライとか、どうしようもない理由ですけどね。

でも、そんなどうしようもない理由でも、私に話すことで、息子も気持ちが楽になっていったみたい。

ほどなくして、朝の「行きたくない泣き」がなくなりました。

本のタイトル通り、本当に、子育てがずっとラクになったのです。

効果絶大。


でもこれ、日本で実践しようとすると、少々難がありますよね。

だって、外で大声でわめき散らしている子どもを、横で黙って見てるなんて、難しいですよねぇ。

何せ、人の目がイタイ。「あの親、何やってんだ」って見られちゃいますよね。


この本には、「そういう時は、騒音や人の目が気にならない場所に連れて行って、泣かせてあげましょう」って書いてますが、狭い日本にそんな場所あります？

あるんだったら、実践できると本当にいい本なんだけどなぁ。

もしくは、人の目を気にせずに、開き直るしかないですね。

そうやって開き直れる人だったら、本当にお勧めです。

【まとめ】

さて、以上2冊が、これまでに私が読んだ育児書です。

え？　少ないって？

まあ、兼業だから、いろいろやることがあるわけです。

許してくださいな。

果たしてこの数少ない本から、共通点を洗い出し、育児の極意にたどり着くことなんてできるのでしょうか。

疑問に思いつつ、とりあえず、それぞれの要点を並べてみます。

【それぞれの要点】

1冊目 毎日30分、1対1で向き合いましょう。そうすれば、信頼関係が得られます。

2冊目 泣きたいときには泣きたいだけ泣かせてあげましょう。そうすれば、信頼関係が得られます。

そう、どうやら育児においては、「信頼関係」というのがキーワードのようです。

ではその信頼関係を得るにはどうしたらいいか。


1冊目によると、1対1で真正面から相手に接すること。

2冊目によると、感情を素直に出させてあげること。


どうでしょう。

落ち着いて考えてみると、これって、大人同士の人間関係（恋愛や友情）と一緒じゃないですか？

正面から向き合うことも、感情を出させてあげることも、恋愛や友情だったら、ごくごく当たり前のことですよね。


つまり、子どもだからって子ども扱いすることなく、一人の人間として扱ってあげることが重要なのでは？

そう、一人の人間として見ることができたなら、後は人間として当たり前の接し方をするだけでいいのです。

だから、「子どもを一人前の人間と見なし、人間同士の関係として、ごくごく当たり前のことを、面倒くさがらずにやる」ということが大切なような気がします。


ここで、「面倒くさがらずに」ってのがポイント。

人間って、誰も見てないと、ついついさぼってしまいがちですよね。

ましてや育児のほとんどは密室で行なわれるので、何をしていても誰にも知られることはありません。

そこを何とか、気持ちを強く持って「面倒くさがらない」を実践していくと、子どもにとっていいいんじゃないのかなぁ。


もちろんこれは、あくまでも理想論。

当然面倒くさいときはあります。しょっちゅうです。

でも、そんな時、そう考えてしまった自分を、冷静に批判する目を持っていれば、それでいいんじゃないでしょうかね。

「あー、またやっちゃった。ま、次は気を付けよう」ってね。

以上、まとめると、数少ない読書経験から私が至った育児のゴクイとは、

「面倒くさいを言い訳にしない」

でした！！

（全くもって普通の結論ですみません！！）

そんなことをいつも考えながら、子どもに接してます。

もちろん、テキトーにですけどね。

我が家のリズム作り

私は何事も強制させるのがキライ。子どもには、何をするときでも、自分の判断で「やろう」と思えるようになってほしい。とはいえ楽しいことはいいのだが、楽しくないことを自ら進んでやろうと思わせるのは、至難の業だ。

例えば、夜寝る前の歯磨きとお片付け。ずっと遊んでいたい子どもにとって、これらが楽しいはずもない。でも、「やりなさい」と言ってやらせるのは、何か違う気がする。だから我が家では、こんな風にやらせている。

（ブログ記事より引用）

先週の京都旅行では夜更かしを認めていました。そのせいで、生活リズムがすっかりめちゃくちゃに。そこで今週は「リズム作り強化週間」。といっても、特別なことはしていません。二歳ぐらいからずーっと続けている、「お片付け→歯磨き→絵本読み聞かせ→就寝」のサイクルを回しているだけです。

今日は、我が家流のこのサイクルを紹介させていただきまーす（ってほど、大したことはしてないんですけどね）。

まず、就寝時間を決めます。うちの場合は9時。

その時間に向けて、お片付けと歯磨きをさせます。でも私は、何事も強制させるのは嫌い。ムリヤリやらせたって、うっぷんがたまるだけで、本人のためになりませんよね。

そこで自発的にやらせるために、インセンティブが必要になります。それが、読み聞かせ。

9時までにお片付けと歯磨きが終われば1冊、
8時50分までなら2冊、
8時40分までなら3冊、

といった具合に、10分前倒しで達成するごとに、1冊の本を追加してやります。逆に9時を過ぎてしまったら、強制的に電気を消して、大人は寝てしまいます。

あともう一つ大事なのが、かけてやる言葉。決して「9時までに終わらないと読めなくなっちゃうよ」という否定型は使いません。あくまでも「あと5分で終われば二回読めるよ!」という、やる気を引き出す言葉をかけてやります。

大人のやることはそれだけ。あとは本人のやる気次第です。

お片付けを全然しなくて困っていた二歳のころ、この方法を考案しました。最初はコンセプトを理解していなかったようですが、続けるうちに徐々に浸透していきました。そして今では、お風呂からあがるとすかさず時計を確認し、

「今からなら4冊読めるかも!」

などと目を輝かせながら、すぐにお片付けをはじめます。

これまでの最高記録は5冊。どんなに読む本が多くなっても、1回読むのに10分を超える本

は（一部を除いて）ありません。つまり、最終的に寝る時間は目標時間の9時に収束するようになっています。

本を読み終えたら、消灯。あとはぐっすり眠るだけです。ま、いつも私が先に寝ちゃっているので、それからすぐに寝ているかどうかは知りませんけどね。

「大きな愛」で包み込もう

世に育児本はたくさんあれど、結局、子育ての方法なんて、人それぞれ。正しい方法なんてどこにもないし、何をしても、ダメなときはダメなのである。

だって相手は人間だもの。「うちの子、何をしても手におえないんです」って言いたくなる気持ちもわかるけど、本当は、「手におえる」必要なんてまったくないのだ。大事なのは、どんな時でもそばにいて、見守ってあげること。物理的にそばにいる必要はない。こころが、そばにいればいいのだ。

子どもは、そんな親を「こころの安全地帯」として、少しずつ外の世界に足を踏み出していく。初めは、一歩から。一歩外に出ては、また安全地帯に戻ってくる。次は、二歩。そして、三歩。外の世界に慣れていくにつれて、少しずつ、遠くまで足を延ばせるようになる。そして、安全地帯に帰ってくる必要がなくなったときが、親離れのときなのだろう。

今まさに、我が家の長男（五歳）は、少しずつ、外の世界に足を踏み出しているところだ。

私は親として、長男のこころが安全地帯の外に出ている間は、なるべく口出しをせず、温かい目で見守ってやることを心がけている。そして、安全地帯に帰ってきたら、大きな愛でギュッと包んでやる。そんな毎日の繰り返しだ。

ただ、ちょっと安全地帯が大きすぎるようで、なかなか遠くまで行けない状態が続いている。でも、それもいいだろう。ゆっくり、少しずつでいい。いつか大きく巣立って行く日まで、こころの安全地帯は大きく広げておくつもりだ。

そしていつか、息子が親になったときには、同じように大きな安全地帯を広げられるような、そんな親になってほしい。

【コラム7】 ママ友は現場、パパ友はソーシャル

前述のように、ママ友は地道に現場で仲良くなっていくのがイチバン。でも、パパ友はちょっと違います。平日のパパ友は稀少価値があるので、1回出会ってしまえば、不思議と仲間意識のようなものが芽生えるのです。そのおかげで、すぐに意気投合できちゃいます。

そして、その後のために便利なのが、Facebook。名前さえ聞けば、すぐにつながることができます。1回会ってメールアドレスを交換しただけの人とその後再会することってあんまりありませんが、Facebookでつながっておけば、再会の確率はぐーんとアップ！　直接連絡を取り合わなくても、相手の近況を知ることができるので、「今度ここに行きます！」って投稿に「じゃあ自分も行きます！」って反応ができるのがいいんでしょうね。

パパたちはどうしてSNSに走るかというと、やっぱり身の回りに同じ立場の人が少ないからなんでしょうね。だから皆必死で、同じ立場の人を探して、つながろうとしている。

つまり、パパの子育てが「あたりまえ」の時代が来たら、そこら辺の状況も変わってくるんでしょう。別に必死で探さなくても、近所に同じ立場の人がいるのが普通なんですから。それが果たして、5年後なのか、10年後なのか。少しでも早くそうなるよう、微力ながら発信は続けて行こうと思ってます。そのための発信にも、Facebookって本当に便利。まだの方は、ぜひお試しを！　パパ友もたくさん作って、楽しい育児ライフを送りましょう！

【コラム８】 レノンパパとFathering Japan

まだまだ珍しい子育て主夫。なったはいいけど、なかなかママ界に馴染めず、孤立感を感じてしまう人も多いのが現状です。そこでおススメなのが、子育て主夫ネットワーク「レノンパパ」(http://www.lennonpapa.org/)。

子育ては、未来を担う人間を育てる仕事です。
ということは未来を創っている仕事です。
子育ては男子一生の仕事として恥ずかしくありません。
それどころか誇らしく、やりがいのある重要な仕事です。

というスローガンのもと、孤立しがちな子育て主夫同士でつながることで、孤立感の解消や、子育て主夫というライフスタイルを通じた多様な家族の在り方を提案することを目的に活動しています。同じ立場の人たちで集まって話したり、MLで情報交換するだけでも、とっても気が楽になりますよ。みんな面白いほど同じような経験をしてるので、「自分だけじゃないんだ！」と思えるはず。

もうひとつ、子育て主夫に限定せず、「パパであることを楽しもう！」という活動をしているのがNPO法人ファザーリング・ジャパン(http://www.fathering.jp/)。「笑っている父親が社会を変える」の事業理念のもと、男性の育児参加を社会問題としてとらえ、世の中を揺さぶる活動をしています。

どちらの団体も私にとって賛同する点が多く、無理のない範囲で参加させてもらってます。ご興味のある方は、ぜひホームページを覗いてみてくださいね。本当に素敵なパパたちが参加しているので、出会いという点でもおススメです！

あとがき

本文でも書いたように、長男の育休中に、このかけがえのない経験を発信したいと思い、ブログを始めました。でも、時間がなく、ほとんど続きませんでした。その四年後、次男の誕生をきっかけにブログを再開。たくさんの人に支えていただきながら、約一年ブログを続けることが出来ました。そんな中、ブログだけではなく、もっと広く発信したいと思っていたところ、縁あってこの本の話をいただくことができました。まさか自分が本を出版させていただけるなんて、夢のようです。このようなチャンスをいただけたこと、ただただ感謝です。担当してくださった杉山さん、杉山さんをご紹介いただいた浅田さん、出版セミナーで出版の基礎を教えていただいた江藤さん、出版にあたって相談にのっていただいた安藤さん、本当にありがとうございました。

実は先日、もう一つの夢も叶えることができました。子ども二人を連れて、一カ月の旅に出たのです。行先は沖縄。五歳の長男と一歳になりたての次男を連れ、貸別荘を借りて、三人で生活しました。ビーチまで歩いてすぐという絶好のロケーションで、朝食後はビーチで泳ぎ、そのままビーチで昼食をとり、また泳ぎ。帰宅して入浴。その後長男と二人で夕飯を作り、三人で食べる。そして夕涼みに外で遊び、寝る。という、非常にシンプルなスローライフを送ることができました。この本の大半は、その沖縄で書いたものです。

これだけ聞くと、とてものんびりした、優雅な生活のように聞こえるかもしれません。でも実際は、一戸建てなので掃除も入らないため、家事を全てこなし、子ども二人の世話を一日中見るのです。一瞬たりとも気を抜く時間はありませんでした。それなのに、不思議と帰るときには、さわやかな充実感でいっぱいだったのです。

子育ては自己犠牲であると言う人もいますが、そんなことは決してないと私は思っています。確かに、時間的制約はかなり増えて、自分の時間を持つことなど、到底できません。それまでにやっていたいろんなことを、あきらめる必要が出てくるでしょう。でもそこで、子どもと過ごす時間を、めいっぱい楽しむことができるなら。それさえできれば、もう、全ての時間が自分の時間になるのです。私のように、東京お散歩マップを作ることでもいいでしょう。もちろん、一カ月の旅に出てしまうことだって、ありだと思うんです。

普通に会社に行って働いていると、そういう発想すら、なかなか出てこないかもしれません。だから私は、発信を続けるのです。ブログでも、この本でも、少しでも多くの方に目にしていただき、「あ、そんなのもありなのね」と思っていただけるだけで十分です。そこから先は、その人の価値観の問題。このスタイルを押し付けるつもりもありませんし、興味があるという人がいたら、いつでも話を聞くつもりです。

先入観や人の目にしばられるのではなく、自分の人生を生きること。これからも、それを常に判断の中心にしながら、人から見たらブレまくりの人生を、自信を持って楽しみたいと思います。たった一度の人生なのだから。

二〇一二年八月　堀込泰三

[著者紹介]

堀込泰三（ほりこみ・たいぞう）

1977 年千葉県生まれ。東大大学院を経て自動車メーカーでエンジン開発に携わる。2007 年長男誕生時に 2 年間の育休を取得。その後、子どもと過ごす大切な時間を増やすため「子育て主夫」に転身。翻訳家として在宅で働きながら 2 児を育てる。

装丁………山田英春
DTP 制作………勝澤節子
編集協力………田中はるか
イラスト………出川錬

子育て主夫青春物語
「東大卒」より家族が大事

発行日❖2012 年 10 月 31 日　初版第 1 刷

著者
堀込泰三

発行者
杉山尚次

発行所
株式会社言視舎
東京都千代田区富士見 2-2-2 〒 102-0071
電話 03-3234-5997　FAX 03-3234-5957
http://www.s-pn.jp/

印刷・製本
㈱厚徳社

ISBN978-4-905369-47-9 C0036

978-4-905369-22-6

東京おもちゃ美術館の挑戦

おもちゃと「おもちゃコンサルタント」が子育てを変える

おもちゃはただの物ではありません。子ども同士はもちろん、親と子、人と地域…あらゆる人と人をつないでいきます。おもちゃというコミュニケーション・ツールを使って実践する「東京おもちゃ美術館」の「おもちゃコンサルタント」の社会活動を凝縮。

日本グッド・トイ委員会編著

四六判並製　定価 1400 円＋税

家事塾BOOKS　vol. 2

978-4-905369-09-7

家づくりに「家事セラピー」を

「いい家」は設計や建材の問題だけでなく、住まい方の問題。家事塾では､「片づけセラピー」､「リフォーム家事セラピー」ほか各種講座を実践中。その活動を報告。「家事セラピー」を加えると、どのような暮らしになるのかをビジュアルに解説する。

辰巳渚監修、家事塾編著

四六判並製　定価 1900 円＋税

978-4-905369-29-5

東京「消えた山」発掘散歩

都内の「名(迷)山」と埋もれた歴史を掘り起こす

えっ⁉ ここも「山」だったの？　東京散歩本に新機軸！　天然の小山、森、築山、富士塚、城址、古墳…都区内にある 100 近くの「山」をを探し訪ね、散策を楽しむ 1 冊。驚きの歴史・忘れられた信仰や伝承も甦る。写真満載、実際に歩ける地図付。

川副秀樹著

A 5 判並製　定価 1600 円＋税